《北京舊志集成》編委會

主　任　李　良

副主任　張恒彬　陳志楣　趙　鵬　劉　岳　運子微

編　委　賴生亮　韓勤英　陳麗紅　王錦輝　王　鵬

崔　震　黃迎風　宋傳信　韓　旭　李自華

王國英　王　靈　韓　楓　劉宗永

《北京舊志集成》編輯部（按姓氏筆畫排序）

王　雨　王　煒　宛興偉　陳　明　閆曉峰　程東東

劉宗永　劉　娟　楊　飈

中共北京市委黨史研究室　北京市地方志編纂委員會辦公室　編

懷柔志輯

一

國家圖書館出版社

圖書在版編目(CIP)數據

懷柔志輯:全二函五册 / 中共北京市委黨史研究室,北京市地方志編纂委員會辦公室編. —北京:國家圖書館出版社,2021.9

(北京舊志集成)

ISBN 978 - 7 - 5013 - 7317 - 8

Ⅰ.①懷…　Ⅱ.①中…　②北…　Ⅲ.①懷柔區—地方志—明清時代—民國　Ⅳ.①K291.3

中國版本圖書館 CIP 數據核字(2021)第 147750 號

書　　名　懷柔志輯(全二函五册)
叢 書 名　北京舊志集成
著　　者　中共北京市委黨史研究室　北京市地方志編纂委員會辦公室　編
責任編輯　南江濤　潘雲俠

出版發行　國家圖書館出版社(北京市西城區文津街 7 號　100034)
(原書目文獻出版社　北京圖書館出版社)
010 - 66114536　63802249　nlcpress@ nlc. cn(郵購)
網　　址　http://www. nlcpress. com
印　　裝　北京華藝齋古籍印務有限公司
版次印次　2021 年 9 月第 1 版　2021 年 9 月第 1 次印刷

開　　本　16 開
印　　張　46
書　　號　ISBN 978 - 7 - 5013 - 7317 - 8
定　　價　1980.00 圓

版權所有　侵權必究

本書如有印裝質量問題,請與讀者服務部(010 - 66126156)聯繫調换。

《北京舊志集成》影印出版説明

北京是一座有著三千多年建城史、八百多年建都史的歷史文化名城。北京舊志是北京歷史記憶的寶庫，現存北京舊志始自元代《析津志》（輯佚），下至民國時期編修的志書，包括府志、州志、縣志、村志等綜合志和衛志、廳志、關志、山水志、寺廟志、會館志、地理志、風俗志等專志，總數達百餘種千餘卷。爲助力全國文化中心建設，弘揚北京歷史文化，滿足廣大市民日益增長的文化生活需求，中共北京市委黨史研究室、北京市地方志編纂委員會辦公室於2019年啓動北京舊志影印出版工作。

該叢書從2020年開始分輯出版，共計110多種1200多卷。各志原則上按編修年代的先後編排。在影印整理過程中，個別底本缺卷漏葉依據相同版本配補，無法配補者，暫付缺如。

《北京舊志集成》編委會

二〇二〇年九月

《懷柔志輯》編輯出版説明

懷柔位於北京市東北部。明萬曆時，懷柔知縣史國典主持修纂《懷柔縣志》四卷，記述懷柔縣歷史沿革、風土人情等，於萬曆三十二年（1604）刊刻行世，具有重要的史料價值。清康熙五十二年（1713），吴景果知懷柔縣時，在前志基礎上纂成《懷柔縣新志》八卷，詳細考證明初以來關於懷柔縣的各種記載，有康熙六十年（1721）刻本。此次影印出版《北京舊志集成·懷柔志輯》，收録上述兩種方志。其中，原書模糊不清、漫漶之處，予以保留，以展現原書面貌；卷葉原缺者，暫付缺如。

[萬曆]懷柔縣志四卷

(明)史國典 修 (明)周仲士 纂

據國家圖書館藏明萬曆三十二年(1604)刻本影印

No. 615

萬曆懷柔縣志

[illegible] No. 615

萬曆懷柔縣志四卷

周仲士（明）撰　明萬曆間刻本

九行十八字（21.2×14.0）

三册　一函

一函重自臆阻無能經始其事以紀成績昭勸戒晰利病而垂諸久遠者非澂明文物之世所宜有也余年友史君國典宏材朗識起自名家風諳世務作宰三年乂安寧謐慨往牒之莫致惜獻逸之倍勞圖所爲倫缺失而詒來者無嫌邑志之脩是急且得已蜀周君仲士擅命世之三長夢筆藻之五色雅裁纂例搜剔遺編三月屬思八卷臚列羣史家之粹而不徒修其文詞決操衛之機而實可見之行事皇皇汲汲以一視睥民撫綏凋敝爲要領

良司牧得其說而持循焉不但坐照一邑而千百年之永利自今貽之後之人紹續而光大之畿輔邊關間屹然壯金湯怙然享康阜此其立基樹本之書已守而郡邑志中求其纍纍可據而讀之令人凜凜動深長思若此帙者胡可多得哉

國家二百餘年所未備一旦煥然壯神明之觀二君所大有造于懷柔者信莫發而可傳矣獲讀不覺卒業援筆書此以弁簡端不但樂觀成事而且嘉與二君文學政治果可以鳴

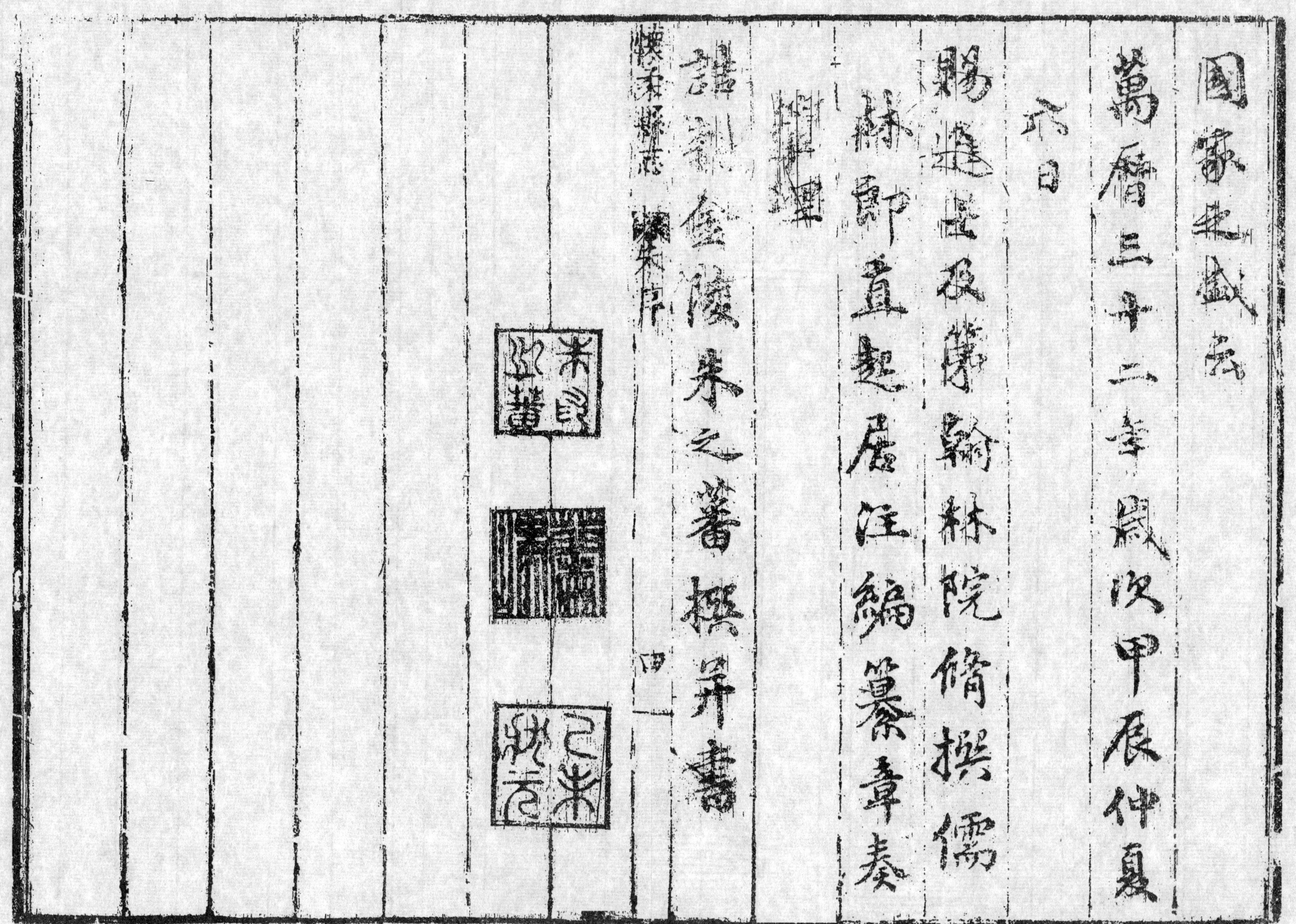

國朝典故敘

萬曆三十二年歲次甲辰仲夏

穀日

賜進士及第翰林院脩撰儒

林郎直起居注編纂章奏

經筵

講官金陵朱之蕃撰并書

[illegible]

新脩懷柔縣志序

同年溧陽史君治懷柔之三年芸鋤蕪穢盪滌膏澤既以燁然一新其治矣顧睠掌故文獻闕如慨無以備油素之洛佐輶軒之訪非所以稱三輔之隸邑也廼詢諸父老稽諸纂牘据摭既繁綱維畧具以成都周君雅擅三長躬爲授簡曾不數月遂竟厥青蓋上下數千年來懷之禮樂名物具在是矣史君將授之梓則走一介懷兩問序于不佞不佞受而卒業爲卷者四爲志者八爲類者三十有二其世則

自軒轅以迄于茲具事則自象緯以迄物產其人則自官師以迄季史其政則自錢穀以迄兵刑其文則自總載以迄謠詠體例以概其凡論贊以匯其義蓋觀風考俗之詳課吏守昨之畧靡不櫽而載焉夫懷之為邑歟雖舊矣文獻足徵至今始備豈非幸歟乃不使竊窺史君之意知其更有以也管大夫有言不術其野不違其焉以家治家以鄉治鄉以國治國以天下治天下而微可以操縱則未有能辭者是以善治民者其道毋畧

治之以善治安若無過舉
下君敢何以為謀者叚本者舍
諸流猶以國治而以天下治不
者求猶未遽其高以深治救次
於亦見有以見當大夫有古不
皆人白本被議獨直名以從
此書大夫議成數聖人於體也
[illegible]
流人待而教憑文處之於而病
體觀者洽之筆衆書學以而合
御以觀其是講講以國其義著
創且文則自從致以為論孫潘
遭各文其改圖名微發以道也
緒以遠為進真人言在論諸方
佑事策以之十諸其策三以者

閭閻溷之所便而訓之而上達
不悖也因事之所習而導之而
下乃不駭也故常布令于流水
之源而措政于游刃之地後之
為政者多隸于夸名而累于衒
意務名隸則卑俗以釣奇衒
意累則雖勞瘁以賦事彼其上

驚而下駭滋甚之為嚮使知因
之為用也樸故實而求之時其
所宜而輕重布之燥濕調而寬
猛遞將日不暇而歲有餘矣安
往而不得所治也吾觀史君僚
仕為令其于與衆不長而勞撫
以勞求己尊[illegible][illegible]蓋誠有得

于國志建者志之修也是又將
以所因者為後人地豈徒備掌
故[illegible][illegible]以令君治理流聞行且懷
柔民其承有堅乎不使為是撫
所[illegible]萬樹纏界者接此行之
本其意以弁其首若夫視聽所
該是備詢采求事既傳裨益
國史使劉孚[illegible][illegible]于編纂是
聊述之[illegible][illegible]不刊稍其用又有
大焉者矣
萬曆三十二年歲次甲辰仲夏五
日
賜進士及第翰林院
國史編修文林郎直

居淳江寧顧起元書

攸縣志序

邑志邑史也史難而創始之史尤難創于[illegible]自古四封宴如無更析合之[illegible]爲州爲[illegible]或分或合代沿革不一非[illegible]歷遷而相重複則紀載難創于中原者哉[illegible]僅為藉之[illegible]非難而若葺若[illegible]再復[illegible]辟于夷而后歸于華統古之典籍文章若絕若續若存若亡則[illegible]須天有偏邑[illegible]不稱[illegible]追憶開天之[illegible]須之故區王[illegible]之[illegible]夫千百年而[illegible]

後竟俟之我
二祖則華夷辨也唐自貞觀中已置
有懷柔矣而天寶后復改爲歸化乾
元中已復舊名矣而遼金復屬于順
州復改爲溫陽地旣增損名更柴池
至洪武間始中分昌密而定爲懷柔
則分合辨也夫狄爲政可以無書華

爲政奈何亦無書也合于昌密有昌
密之志則可以無書分于昌密夫旣
有懷柔之名矣何可以無書也邑大
夫史君惓惓憂焉萬曆癸卯夏于役
潞河因以詢之仲士畫曰故家大族
尚存譜牒簿券以詔方來嗣世者繼
起憶然起充宗之思並是下邑不得

等于家族余竊乘竟忘忘如長夜何彰往考來鬱爲不朽是在掌故者幸毋靳伸士敬諸乃取一統志廣輿志郡縣志泉昌密原分諸志順義等鄰封舊志而次第考之紀往蹟述近事諮士耆詢方輿爲卷者四爲綱者八爲目者三十有奇經始于癸卯之冬

而竣事于甲辰之夏始克成編原無舊稿則遺志藉無因兼無與校讐者則用力獨苦因宜歷時久而爲功遲也嗟嗟余蓋三復是編而有感于我昭代之盛比成周也周之處殷民于下都也本文武之深仁而成康之際尤諄諄不置誠慮染紂惡深我周也

溉故令寄邇王畿且借文王武王之靈以鎮之歷周陳畢三后之潤澤而始安懷柔之陷于夷虜無殊紂虐創于二祖無殊文武去神京不百里無殊豐鎬西望天壽祖宗之靈在焉無殊文武之靈

列聖之玄化神風所漸暢無殊成康歷朝循良賢哲之所膏雨無殊三后豈謂染夷俗深被華化淺而不一比跡于殷士之遯肯乎固宜人英物華裒然育焞然縟粹然有當于中州之輿區此余之所竭蹶而不輕置也夫前事不忘后事之師也語云不習爲[illegible]

史蹟已成事今志具在矣后之長懷者取是編而考鏡焉陵谷風會往蹟遺踪迥然在目隆古之洪荒混沌今何以開闢燕趙之慷慨悲歌今何以變化兩晉之沉淪腥穢今何以文明祖宗之生養休息今何以重累往世之賢達往懸今何以法戒可以思矣

可以奮矣是史君所稱藉爲不朽者耶史君長懷柔者三載方若時芘民下士養老卹邑如家而是志適成文獻其具徵乎愧余寡陋乃以劇舉授之屬毫雖辛精手終歷殺青志成敢以復之史君史君名國典籍溧陽稱表揚史云自邑史成而國憲家狀典

章備具也名姓兩符千載不偶矣㒺
萬曆三十二年歲次甲辰孟夏日周
仲士頓首拜書

[seal: 周應中印]

[illegible]書[illegible]

[illegible]曆三十二年歲次甲辰孟夏吉日

書[illegible]

新修懷柔縣志序

聖人之歎杞宋曰文獻無徵豈非謂來之相國俗具陳則制平有國前者已事則后者柔飾縣千載盛衰之原若一丘奚然十六國春秋至秦猶存而縣等曲吾蓋觀西國焉窮王之穢興亦至慕宋衛則知文豈能復為盛衰而獨其况是以權以無爾亦道跡不得其人猶之乎數僧也

今天子聚翔洛自巨大都城縣際之地一城之聚十情事矣不各有紀乘稱史豈以懷柔儀嵌擁衛

西鄉天山之靈比楓障塞之
險而於縱撤獨缺焉者乎懷
宗之沒於茂而後於華者二百
餘年乃今得周史二公而後有成
書道之休明備也事與人會天律
無意於斯文乎文獻之衰也則
自華而[illegible]文獻之盛也則自
[illegible]於茂[illegible]華後之翻懷宗著曰其自
二公始則非文能畫懷宗而懷宗
且以二公重矣予奉　簡書於茲
幸見史君之政教而適當其誌
之成也序以言之而分合沿革之端
詳在周分著作中諸不具論獨
本文獻以為休明之徵云爾[illegible]

諸不具論獨推秦文獻以為佚
明之徵焉爾昔蜀子雲日持鉛
槧適間軒輶使者郡國方言懸
其紙載不傳爲周公罟產也而其
大旨若斯則意蓋深遠矣
旹
萬曆甲辰季夏日溫陵李樟頓首拜書

懷柔縣修志申詳

懷柔縣為遵

憲令修志書以宣政教事據查萬曆叁拾年陸月內為乂兩淋澇城垣文廟公署等處倒塌申請酌議修理事內列數欵有縣無申明旌善二亭何以振命申而示勸懲學無鄉賢名宦二祠何以勵將來而存去思志書記山川人物恐亦宜修賓館接使客名賢或亦當舉等緣由通申

撫按兩院隨蒙

巡按御史安　批昌平道議報又蒙

順天巡撫劉　批同前事蒙批仰昌平道查報蒙

本道案驗備行到縣遵該本縣知縣史　議將塌壞城垣文廟公署等處及未添鄉賢名宦祠揆酌量緩急次第舉行緣由申詳去後隨蒙轉詳批行到縣除將城垣文廟等處暫不容緩者隨即修葺完備外獨於志書

一事旁搜博訪考求文獻未能一時立就又於
萬曆三十一年間據闔學廩增附生員李天
壽等呈爲懇修縣志用垂不朽事切照懷柔
縣建昉於唐之貞觀入
國朝
二祖分昌密地復定爲懷柔未分之前故實散
見於昌密既分之後懷柔遂無表見徒使科
目列名本區久而易於勝事堙形塵土漸至
泯沒物色僅識蟲簡野史空傳口碣恭遇明

臺滋任興廢舉墜誠纂修之一會伏乞轉呈
刊爲成書庶山川吐氣巖轄生色等情具呈
到縣據此爲照卑縣仰承
憲示俯順輿情遂詢謀本邑暨隣邑耆老力求
纂修先據府縣舊志後倣存遺殘簡互考編
次屬府學教官周仲士敷衍成秩其戶口賦
役悉遵原頒書冊科貢人物止據坊區列名
忠孝節義名宦鄉賢一依府志昌密舊載今
捻搞臨城未敢擅將刊削擬合申詳爲此備

蓋指朱本通鑑引語[illegible]合中書所出合
[illegible]年前未有下行[illegible]一件存其[illegible]書本
後遣[illegible]言用部[illegible]人始上[illegible]通三合
乃命[illegible]用作士戴作次乃[illegible]以論
集修光禮[illegible]志役微有[illegible]互考證
亦併潤[illegible]論[illegible]本[illegible]陳書[illegible]
句[illegible]此[illegible]伸[illegible]
列[illegible]書東以[illegible]輯[illegible]全[illegible]
其[illegible]與[illegible]修之一合[illegible]
[illegible]

典申狀也
照詳施行須至申者
萬曆叁拾貳年伍月　　日

欽差巡撫河南都御史劉　批縣志當修但
要稽考得實毋再鑒戒耳今該縣既博訪
有據如議准動無礙銀刊刻繳

巡按御史劉　批該縣志成刊行繳

欽差[illegible]兵備帶管昌平道參政邊　批修志
[illegible]不拘仰即刊刻送閱繳

本府許　批志書成帙文獻足徵該縣之賢勞可
[illegible]議刊刻繳

本州知州萬　批修志大典况久缺而修誌
縣此舉乃無前也續也本州將拭目觀
厥成焉

懷柔縣志目錄

東莞縣志目錄

卷之一

地理志第一

宮室志第二

卷之二

賦役志第三

職官志第四

卷之三

人物志第五

予嘗[illegible]以[illegible]稽之所管例也既
分民[illegible]皆吏之所太
封分[illegible]之天國之封也
說[illegible]出賦[illegible]戶口例也王者
得[illegible]以爲[illegible]
用吏術[illegible]
敎人物[illegible]
戎兵盛世[illegible]

懷柔縣志

壬辰進士蜀人周仲士纂

懷柔知縣吳人史國典校

教諭晋人門　書

訓導蜀人高其基

邑人萊蕪知縣張朝佐

甲午舉人鍾大相同閱

貢生石孔寧

李　枝

李天壽

庠生劉汝廉

王師舜

邢大道分閱

典史焦希顏督刊

懷柔城守備李士俊贊修

不及一邑者則劉氏五行志專紀異不及祥例也有一邑必有一邑之文包括事始故以紀文終帶惟關係于懷邑者始得紀用程篁墩新安文獻志例也

懷柔縣志卷之一

地理志第一

周仲士曰古帝王畫野建州以覲諸侯莫不上應躔次下列山河聚之別宜調俗期于適治耳懷柔夙號螺郡土硬水急自昔誌之而沿革[illegible][illegible]代有不同皆雲擾于五胡淪穢于遼金元已淪椎髻侏離之域而高皇帝迅掃腥羶逐左衽于大漠復開混沌盤古之天其通迫于北虜崎嶇于關闕本塞外

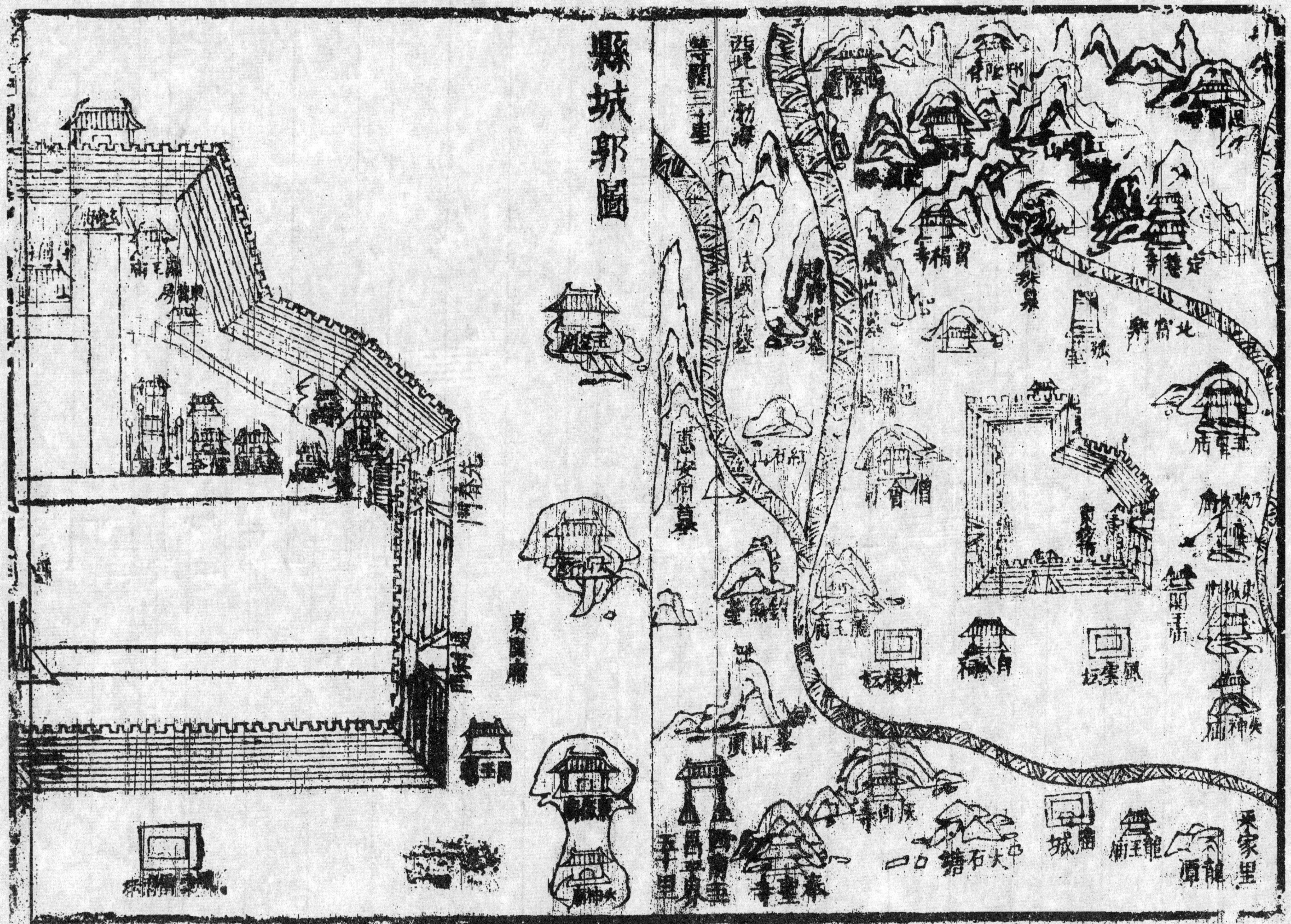
縣城郭圖
社稷坛
風雲坛
龍王廟
紅石山
火神廟

戎馬之場而

文皇帝奠鼎北平復爲畿甸則又豐岐洛鎬之

始夫自東之夏日趨于文也甚易自渾沌之

文明則雕顏而弋彫斲樸而羨華飾其漸

復于隆古也甚難所幸首列三輔禮樂文章

自始順天時與地利之風易俗俾回心而向

化必非俗吏之所爲矣拭目望之

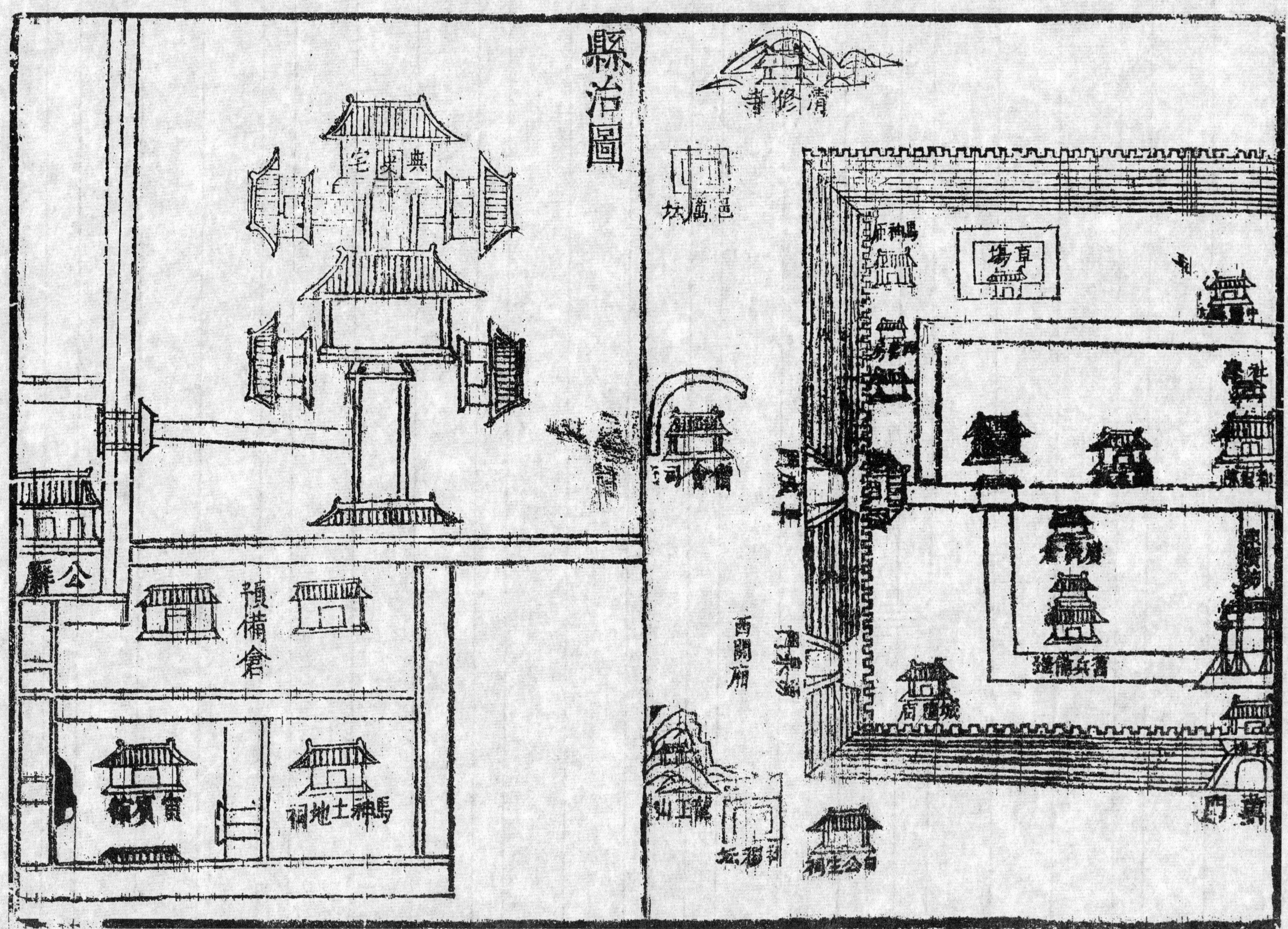
縣治圖
典史宅
公廨
預備倉
儐賓館
馬神土地祠
清修寺
西關廟
會饗司
馬神廟
草場
舊兵備道
城隍廟
申明亭

縣治圖

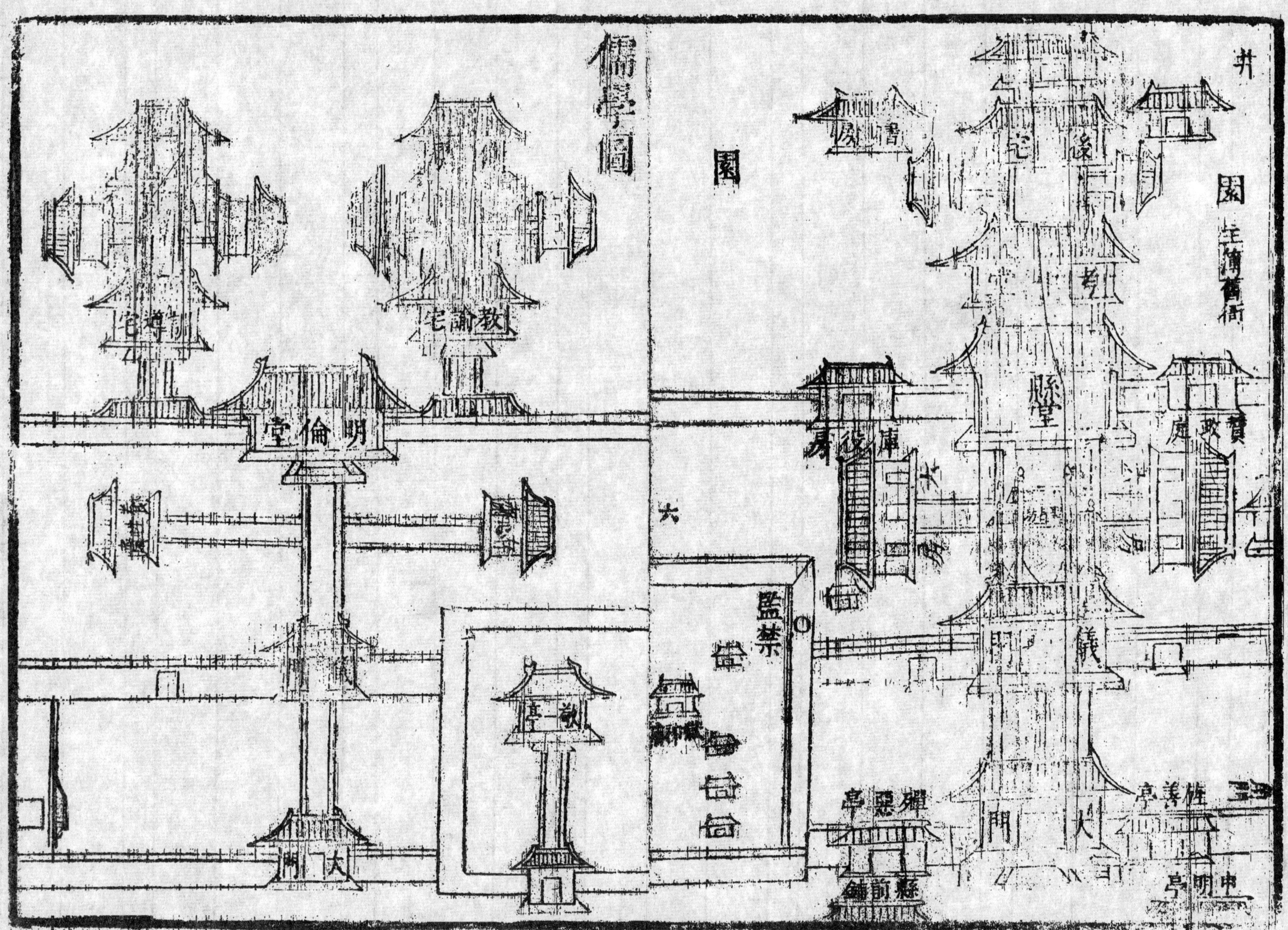

儒學圖
訓導宅
教諭宅
明倫堂
大門
敬一亭
監禁
縣前鋪
癉惡亭
旌善亭
申明亭
大門
儀門
縣堂
後宅
庫後房
贊政廳
主簿衙

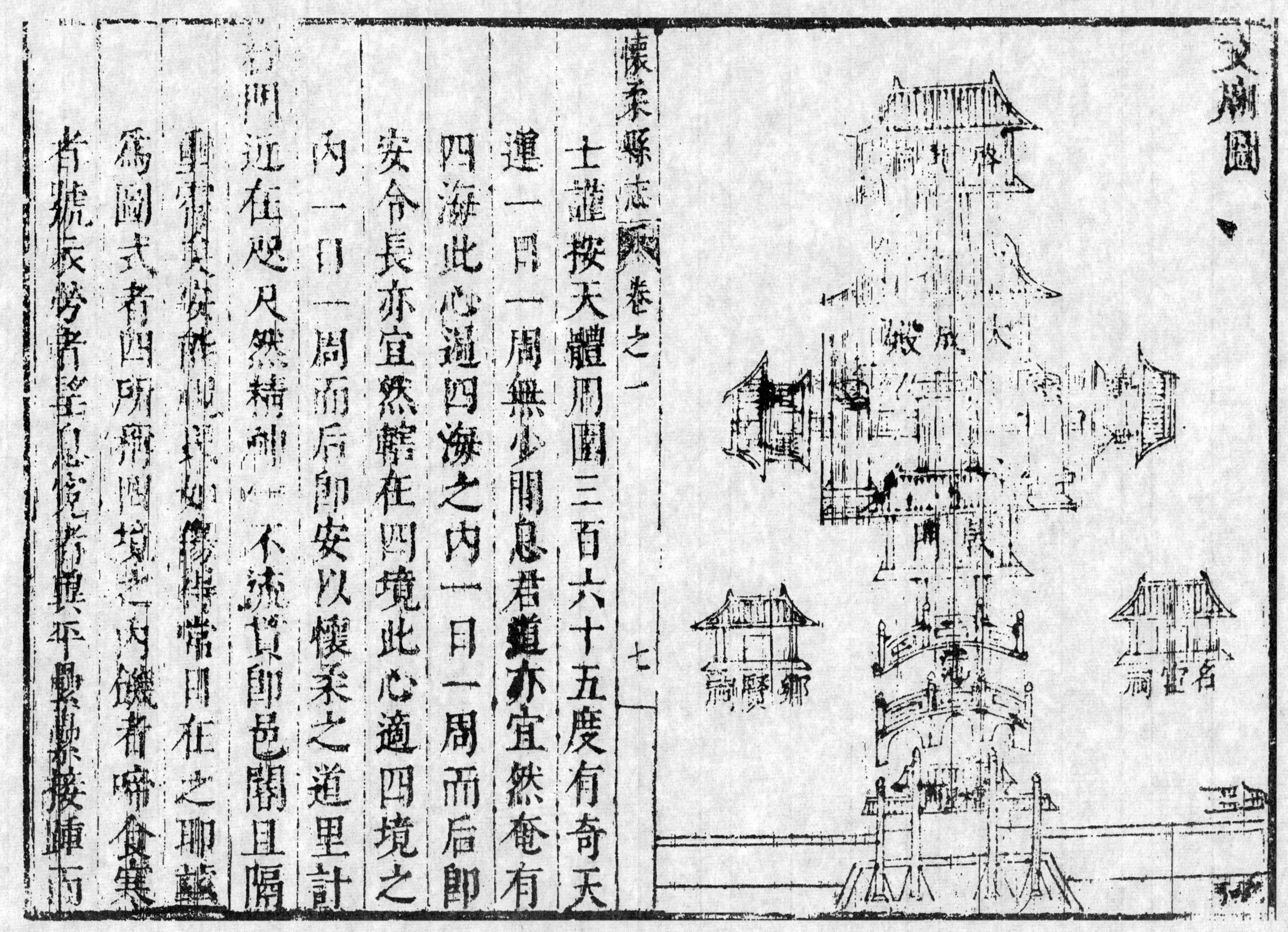

士謹按天體周圍三百六十五度有奇天運一日一周無少間息君道亦宜然奄有四海此心遍四海之內一日一周而后即安令長亦宜然轄在四境此心適四境之內一日一周而后即安以懷柔之道里計衙門近在咫尺然精神一不流貫即邑關且隔輿情負疾休戚如隔膜常目在之耶謹爲圖式者四所稱四境之內饑者需食寒者號衣勞者望息饒者撫貧平糶勸分接踵而

待游者因以干時而總生齒于此圖中矣每念長民者作福亦難作孽則易何必縱肆廣侈自我作孽御此中一息少停爲孽已多披圖而激衷能無感奮乎是所稱得以常目在之者也

地理二建置

昔黄帝都涿鹿之阿懷柔爲都城北界顓頊氏國高陽此立幽陵則爲畿輔近邑陶唐虞幽州都冀肇十有二州以冀州廣遠

分立幽州此亦爲幽所屬禹敷土九州此仍屬冀州之域周職方爲幽州春秋屬燕戰國仍爲燕秦屬右北平漢因之屬北平後魏置密雲郡又立安州郡北齊廢隨立檀州大業間爲安樂郡唐天寶三年甲申以安祿山兼范陽節度使分順州地爲歸德郡領懷柔縣此爲立懷柔縣名之始後廢入檀州梁唐因之晉天福九年割檀州地與契丹金天輔七年以歸宋尋復爲金[illegible]

亦因之爲州

國朝洪武初年改檀州爲密雲縣十四年分

密雲縣著頭里迤西之地爲懷柔縣隸北

平府永樂元年改北平爲順天府而縣仍

隸焉六年十月陞爲北京十八年遂定都

正德元年陞昌平縣爲州領順義密雲懷

柔三縣不果九年奏准復州而領三縣如

舊制以[illegible][illegible]爲順天府昌平州懷柔縣

士謹按昌平州志紀正德元年南京吏部

尚書林瀚奏

請陞昌平縣爲州而統順義密雲懷柔三邑會

逆瑾擅權謀未果八年縣丞張懷援林尚書

例復請爲州轄三邑如舊議

部許之然

皇明大政紀又云正德九年順天府尹楊廉奏

陞昌平縣爲州猶轄三邑復奏民困不堪

事下部乃均本州十之六于三邑使州無

偏[illegible][illegible][illegible]竹馬夫隸于均徭使不得多派

定陵尸貧富擬補之法使不得影射其年月官事又與州志所紀不同豈一事也始發議于林公而張縣丞再請府尹楊公始克成厥終耶別方域觀廢興稽事始神皋奧壤皎若通邑大郛不漠洋然弟也可曰此昔鮮卑爲胡域也而鄙也外之

地理三 分野

燕幽古冀州域懷柔在析木箕尾之次燕分爾雅曰析木爲之津釋者爲天漢之浸漢爲燕之分星而幽州之星土也西漢天文志箕尾幽州尾箕爲幽分山堂考索云右北平入尾十度懷柔屬順天府即右北平蓋箕其北九十則縣分入尾星曰析木宮曰人馬躔用寅屬州曰幽土禮祲陰陽之精其本在地而上發於天天則有形寓地則有界限天文稱東方曰蒼天其星亢氐房星尾東北曰昊天其星箕斗燕當東北隅故屬尾箕二星近是尾

本九星隨心一星爲后妃次三星爲三嬪次二星爲妾媵爲后宫塲故得兼子子必九取其尾九星也九星均明大小相承則后宫叙而多子箕止四星爲敖客曰口舌蓋箕斂揚簸有舌象又受物有去來客之義也詩曰維南有箕再翕其舌又曰哆兮侈兮成是南箕謂爲敖客行請謁也其占明則[illegible]觀史冊其驗可攷而知也[illegible]尾掃東井則燕果滅秦是畢見[illegible]從燕可謂天道遠而不

盡信歟

地理四形勝

山雄水遶　府志[illegible]山雄峙於西北渾河諸水環遶於東南

天府之國　史記蘇秦說燕文侯曰燕地方千里帶甲十萬此天府之國也

天下大都會　漢字記箕尾散爲幽州分爲燕國南通齊趙爲一大都會

楊大雅撰宋范鎮幽都賦地博大以爽

塏號亘繩直而砥平

地處雄要　金史梁襄傳燕都地處雄要

北倚山險南壓區夏若坐堂皇俯視庭

宇又云居庸古北松亭等關東西千里

山峻相連近在都畿易於拒守

形勝雄偉　元木華黎傳燕幽之地龍蟠

虎踞形勝雄偉南控江淮北連朔漠

蹕之所非燕不可

重鎮名城　昌平志稱群山環峙秀麗天

成南拱京華之衛西倚

皇陵之雄縣爲重鎮信是名城

土謹按漢之邊在北咸陽去朔方千餘里

唐之邊在西去幽薊亦幾千里

國家初設遼寧宣三鎮爲外藩自大寧棄後

遼宣隔絶而古北口適當虜衝嘉靖庚戌

之變由此直抵

都城故特設重臣總制並開鎮節於密夫懷

勝敗進退由[illegible]乎[illegible]之[illegible]方略[illegible]大[illegible]

之變由此生焉

造言亂紀而北[illegible]之[illegible]書[illegible]

國家[illegible]於[illegible]大寧[illegible]

[illegible]之[illegible]時不[illegible]

上[illegible]

皇[illegible]之[illegible]文

成而[illegible]山而向

重鎮[illegible]焉[illegible]山[illegible]天

[illegible]之所非[illegible]不可

[illegible]

形勝[illegible]大事[illegible]

山[illegible]相連[illegible]

守又三面[illegible]東西千里

北[illegible]山[illegible]

地[illegible]金[illegible]

[illegible]

[illegible]大[illegible]

柔正德之劃壤也

京師重則密雲重密雲重則懷柔併重易曰震不于其躬而于其鄰肉食者峻防杜患宜如何及哉矣

地理五 疆域

懷柔東西延袤一百里

南北延袤約四十里

東南至平谷縣別山界九十里

東至密雲縣界二十里

南至順義界十里

西至昌平州界五里

北到大水峪三十里

南到順義縣四十里

東到密雲縣四十里

西到昌平州七十里

到北京一百里

至南京三千七百四十里

古蹟按黃帝都涿鹿顓頊國高陽則懷柔

原爲畿輔近地至
文皇龍翔北平復卜兆于此一懷柔也失于夷
則夷之始陷之者晉也繼陷之者亦晉也
兩晉淪穢前後歷千有餘年事若符合復
于中國則中國之在隆古帝都近邑也在
國朝亦
帝都近邑也古今相隔不知幾千萬年而事亦
若符合吁亦大奇矣

地理六城池

懷柔縣舊有土城甚大創自洪武十四年
至成化三年巡撫閣
奏調三河等三縣民夫甎修以磚石歲久傾
圯弘治十五年兵[illegible]因城大民少去其
西半而城其東半焉開三門東曰咸陽南
曰拱衛西無大門止有西小門以汲水名
之後知縣李士元新開西大門一座名曰
臨照復易東門曰迎旭南門曰開薰西小
門曰湧泉隆慶二年知縣朱繼立奉本

道議復增甃城敵臺萬曆六年知縣趙垌
下車登城見地逼邊塞城圯低薄請諸當
道爲萬年計巡撫張學顔
題請發軍夫錢糧修砌限五年了完適知縣
垌調察客雲縣萬曆八年新任知縣龐鳳
鳴兼以兵備道吉毎歲撥各路軍夫六七
千名脩築下甃條石上砌方磚春秋相繼
城始煥然一新仍易其門號南曰來薰東
曰先春西曰阜成西小門曰湧泉新開東

小門一座名曰通利城樓三座但所缺者
角樓鋪舍湯池耳
士謹按城謝城朔方咏于詩城郰城楚丘
書于春秋城之作胡可少也懷柔當分壤
之始無城已而爲土城已而又爲磚城率
皆患至而後備之者患而備不若無患而
備之愈今既有備矣可得恃曰有備而竟
無患乎衆心成城恐古之所謂金城湯池
者不止設險以示守已也

地理七山川

黍谷山、縣東四十里亦名燕谷山劉向云燕有谷地美而寒不生黍谷鄒衍吹律以溫其氣衍廟猶存山南有齊長城東北有華林天柱二莊遼建涼殿春夏遊賞于此

白檀山 縣東三十里山之陽昔有白檀樹魏曹操滅袁紹父子歷此破烏丸於柳城城在山曲古柳州也癸巳上都諸

王忽剌臺遊兵進逼南城燕帖木兒及陽翟王太平國王朶羅臺等戰於此山之棗林殺太平死者蔽野戊戌諸將追河剌帖木兒至紫荊關獲王送京師戮誅禿滿帖木兒後入古北口燕帖木兒引兵禦之大戰於檀州南敗之其萬戶以兵萬人降禿滿帖木兒還遼東

呼奴山 縣東南三十里其下密雲中衛地麓有慈濟張真人祠舊傳漢鄧禹子

訓與上谷太守任興屯兵於此以防匈奴烏桓按順義志載此山去縣二十五里舊有城又云創開水田二千餘頃今尚有存者

虹螺山　縣北二十里高二百餘仞仞下有潭潭中有二螺山色殷紅久吐光焰土人異之因以名山

丫髻山　在縣東九十里二峰高聳形如丫髻故名上有天仙聖母宮靈應如响四方之人於每歲四月十八日大會五

日致祈云

栲栳山　在縣東九十里山下有硯堂寺

羅山　在縣東二十里

龍王山　在縣西半里舊城築其上下有龍潭深不可測因建龍王廟於山巔故名

灰山　在縣西三里

石塘山　在灰山之右其石自

成祖以至

世宗不時取修

陵寢工部立廠守以官軍

紅石山　在縣西北三里頂有石泉其水瑩潔如玉又曰玉泉山

金燈山　在縣東北二十里流水庄西山頂常有光熖射人因建金燈寺於前

神山　在縣東北二十里昔有一樵者迷歸路遇一道人指之回首不見故名

象山　在縣東北四十里河北庄東其形如象

白河　縣東七里發源塞外自密雲西經此境由牛欄山至順義與潮河合流經通州金遣斡離不花入薊郭藥師迎戰敗績即此河也

潮河　在白河東十五里亦名濡河發源自興州界古北口西南流經密雲東至縣治木林里入牛欄山順義達於通州

時作响如潮聲

七渡河　在縣西南一十里發源塞外經黄花鎮川至此境入白河

小泉河　在縣東三里源自虹山珍珠泉經甯樂里由釆家里入白河

雁溪河　在縣東八里源自塞外經大水峪由縣東入白河

黄龍潭　在縣南釆家里

玉泉　在縣西北紅石山下上泉出石窟

中瑩潔如玉故名

珍珠泉　在虹螺山下湧如噴珠故名

閔峯雙井　在縣東八十里閔忠山舊說隋師東征至此多渴死者後唐太宗至此而閔其忠遂鑿二井於峰上

趙惠井　在縣東八十里邵渠庄地在山中其水艱得居民出十里外汲水舉人趙濮仗義鳩財鑿井五十丈深方得泉衆便之咸曰趙之惠也因以趙惠名

十謂徇嘉靖二十九年虜出古北口欲西會行山川衆而西餘衆京城外疑我師驚率將領扼尾之間羊口守將扼其險不得出稍東牛羊婦弱擁衆從東南行至昌平北與鎮守迎戰不意虜遂倉卒不能陣虜縱騎蹂之死傷千餘人幾獲鸞得戴綸徐仁救免虜乃奪道循潮河川向古北口故道出塞諸將不敢逼徐尾其後斬遺弱八十餘騎以捷聞夫前車覆後車鑒也司

干城之寄者觀白河潮河一帶甚有其慮矣兜置武夫能罷則士奮戰撥綴而前將安所資哉

地理八古蹟

劇城　縣南五里不知築于何代今俗傳契丹蕭大后家廟云

泰谷山　縣東四十里鄒衍因地寒不生黍稷吹律以溫其氣臺廟猶存

御甲山　縣北四十里宋楊延郎解甲此

此前有馬良泉在又有掛甲栢樹

看花臺　縣北三十里遼蕭后避暑北上常登臺看花

呼奴山　縣東南三十里麓有慈濟張真人祠漢鄧禹子訓與上谷太守任興屯兵防匈奴烏桓

栢子山　縣東五十里山之陽有白檀樹魏曹操歷白檀破烏桓於柳城城在山曲古柳州也

燕城　縣東北二十里

漁陽城　縣東北二十里秦發閭左戍漁陽

仙臺　縣東十里高十丈下有深洞可容八九十人

孤臺　縣北三里高十餘丈舊有金勝寺塔一座俱廢

釣魚臺　縣西三里水中

風臺　縣東南四十五里北屋莊東即鄧衍發風之處上有風洞俗傳衍鑽二風

神于內洞口風聲嘯吼風氣凜烈時雖盛暑人不敢近至今鄉人祭賽

別穀院　在風臺之南即鄉衍分別黍穀之處今屬洛寧縣

漿水洞　縣東北百餘里坐落深山中山有洞洞傍出水色近似白飯湯如有人用不見斷絕不用不見滿溢傍仍有佛手印一個

士讚按前開金臺翻跡王風尚留故墟遺跡漢渡易水之濱讀風蕭水寒之句森然在目心竊壯之但悲之輒裴回不忍去至過燕丹村太子念頭盔令人潸然流涕矣因思吹臺獻歈旋爲戰場衰草寒烟倏成宮闕從古來神奇臧朽迭相廢興者不止于此而大略類此因書之以志慨

地理九風俗 附節序四時

附志稱自古有勇敢者皆出幽并然涿郡自前代以來多文雅之士

地志稱水甘土厚人多技藝

韓愈稱燕趙多慷慨悲歌之士

杜牧稱幽并之地其人沉鷙多材力重許可

蘇軾稱幽燕之地自古號多豪傑名于國史者往往而是

燕論稱勁勇而沉靜

眞地志稱人性寬舒

范鎮稱風俗樸茂蹈禮義而服聲名

冠禮[illegible]男子十七八歲以上隨便加冠不用擯贊儀其巾帽方圓衣衫長短率遵京[illegible]

[illegible]行坐揖拜俱奉

[illegible]丁收頒行定式尚左不用南禮

昏禮民間用星士合昏以後納幣加笄鋪粧親迎略用古禮其反馬日對月其待年月童養士大夫擇昏求昏不用星術第高髻大袖昏遵京様獨奉

[illegible]制遷宮女民間多命卒嫁娶不顧吉綱其

三朝九日雙九致賀俱與鄰鄉同

喪禮　衣衾棺槨大約稱家有無或好修佛事名圖齋醮士大夫間行文公家禮不用浮屠第邇來頗尚堪輿家說丘隴遷徙[illegible]

祭禮　元旦清明七月望日十月朔朔冬至除夕各備牲饌設主致祭其季春墓祭加土墓又剪紙遶衣頗有寧戚寧儉遺意如忌辰祭祀亦隨貧富上香或受恩榮職銜者但依儀注焚黃

歲季　元旦夙興互相拜揖其家閉門守歲遇吉日則開張元宵張燈走百病次日布[illegible]遍二十五日則種豆添倉二月[illegible]龍薰虫三月節與食拜墓大約[illegible]常憂春旱四時皆忌甲子雨清明以前種者曰風生清明以後種者曰雨生又俗云此時爲苦春頭每候榆柳芽發採以代穀

夏季　四月朔四日雨麥皆不利夏至後大小麥皆熟其五月五日解粽貼符六月六日曬衣初伏曬衣謂其不生虫也

秋季　七月六日掛紙地頭中元設蘇穀祭祖先其五穀次第收刈八月朔食來豐糕糜白露後種麥霜降前淹菜農家大約相同七夕中秋重陽宴會惟好事者稱之

冬季　冬初種麥謂之陳黃積柴養魚細之下溯冬至量日影以占豐凶次日算九九以占寒暖臘八日食果粥淹肉二十四日祭竈掃房以後紛紛嫁娶及餽送迎集擲年料除夕貼門神春聯

土俗按軒轅都涿鹿始制章服作貨幣民不習僞市不預價是爲皇風唐虞都冀邪畿千里時雍風動此其可封是爲帝風周召公食采于此甘棠之化于是勸矣是爲王風燕丹愛賓遊士慷慨悲歌出[illegible]

靡潰橫流而不可救止是爲霸風典午之
亂中更慕容苻拓跋氏之擾驅利刃沃人
血人理幾絶劇至石晉遂化爲氊裘椎結
是爲夷風至
二祖重興痛加滌祓蓋驅夷黜霸祖帝憲王駸
駸乎有皇風開闢之象焉夫由皇王霸
夷以次遞降者勢也降而復還于皇者亦
勢也既還矣而不能保後之不遞相降者
亦勢也至若慷慨悲歌士仍桀驁之習慓

忮沉勇人挾浮衰之風豈山石塊壘水洌
氣異耶
神聖在御不能振其流風餘韻耶剔蠹還淳偕
之大道司世教者不得諉于江河之逝矣

地理十社庄 狀牧附

里社凡八

東坊市　富樂里　康家里
采家里　房家里　木林里
南吳里　寅洞里

鄉莊

南富樂莊　縣東一里許

石廠莊　縣西南三里許

釣魚臺莊　縣西一里許

潘家莊　縣西北三里

楊家莊　縣北二里

下院莊　縣東北二里

石家莊　縣東三里

王化莊　縣東五里

張家莊　縣東四里

唐寺頭莊　縣東南五里

兩河莊　縣東南八里

趙家莊　縣南十里

霍家莊　縣南九里

采家莊　縣南九里

廟城莊　縣南六里

鄭家莊　縣西南八里

郭家塢莊　縣西北七里

虹螺鎮莊　縣北十里

乾澗峪莊　縣北十五里

劉哥莊　縣北九里

陸家莊　縣東北八里

北富樂莊　縣東北九里

中富樂莊　縣北六里

臺上莊　縣東北十三里

栢葉溝莊　縣東北十八里

東流水莊　縣東北二十里

西流水莊　縣東北二十里

神山莊　縣東北一十三里

鄧家莊　縣北二十五里

墳頭莊　縣北二十里

御甲山莊　縣東北三十里

河北莊　縣東北三十里

龍王疃　縣東北二十里

宰相莊　縣東北十五里

駙馬莊　縣東十五里

北房家莊 縣東十里
南房家莊 縣東十二里
花園莊 縣東十里
張石臼莊 縣東南十里
平頂莊 縣東南二十五里
孝弟莊 縣東南三十里
新莊 縣東南三十五里
北尾莊 縣東南四十五里
西鄧渠莊 縣東南五十里
東鄧渠莊 縣東南五十五里
太蟒莊 縣東南八十里
小蟒莊 縣東南八十里
南興莊 縣東南五十里
太堡莊 縣東七十里
東木林莊 縣東南三十里
西木林莊 縣東南三十里
年豐莊 縣東南十五里
[illegible]良莊 縣北十里

西夏莊　縣北十里

小屯莊　縣東北七里

范家莊　縣北十里

南唐洞莊　縣東南四十里

北唐洞莊　縣東南四十里

集市

初一日　在本縣聚賢坊迤西

初六日　在縣治前

十一日　在縣治後

十六日　在文廟前

二十一日　在守府街

二十六日　在聚賢坊迤東

景致

寒泉噴珠　在縣北十里許在虹螺寺前

黍谷陽和　在縣東四十里

釣臺秋月　在縣西三里

龍潭春水　在縣南采家里

虹螺呈秀　在縣北三十里

定慧雙塔　在縣北十八里

松棚挽翠　在縣東八十里

金鷄鳴祥　在縣東五十里

士謙按邑令史君大石每對余言邑所稱墾社鄉莊集而若蟻然盈耕候其實無有也生齒繁輳僅見之城郭而邨舍郊垌一望蕭涼草爲瓦葦爲門亂石爲壁盡奔走若馬牛而顛連爲厲繁矣間有十二峰屏衲子之宮金碧輝映問之則曰某中貴某戚畹某勛舊所修者若閭閻闤闠觀安所得哉夫烟火幾絕千千家而誅求未休乎一日此司牧者所爲目擊而若無見焉者也余聞之亦爲慘然併紀于志

宮室志第二

周仲士曰易有之上棟下宇以待風雨匪事觀美也況政教所出之地可無崇乎夫以明神正鬼之所與奔也皇華使客之所以寄也

神仙佛子之所蜕化也忠臣勇將之所血食也大人賢者之所歸燕也將命下令之所置郵也哲匠墨卿之所觴咏也或璧帶金玉或土被綺繡而淫祠猶侈焉至于縣治榛莽之不剪學宮狐兎之與居動輒曰財難財難豈其然乎余嘗謂野無曠農市無曠商藝無曠正而何獨縣有曠官學有曠士今並其居且曠焉人可知矣懷柔密邇都會為三輔重地自國初至今踵修繕不一而日漸脩舉若令

當師弟子不曠其居而因以不曠其人是又屬之循良矣因紀縣學而併敘公署等諸款于篇

宮室一縣治

縣治　正廳三間東西二庫東曰貯庫西寄庫廳之南甬路上戒亭一座廳東幕廳三間廳西庫吏房三間書辦房二間廳前東西六房各五間儀門三間大門三間

知縣宅　在廳後考中堂五間寢室及兩
廂房共二十二間别館六間知縣史
造

典史宅　在廳東廳舍寢室及兩廂房共
十六間

公廨　在儀門内東共房二十間

馬神土地祠　在大門内東知縣史　俱
重脩

預備倉　在大門内東廳舍一間廒房二

十間

賓館　在大門内東額曰廣益堂萬曆
三十年知縣史　剏建

彰善亭　在大門東

癉惡亭　在大門西

申明亭　在大門前俱萬曆三十年知縣
史　剏建

士謙按詩所之相在爾室尚不愧于屋漏
余意謂人不能離室天不能離人吾職司

民牧而在一邑之室即有一室屋漏之天監焉以天昭天何漏非天以心昭天何心非天以民昭天何民非天天監在茲倘政事刑罰一不協矩毋論拂民而此心有愧屋漏多矣司縣治者奈何不敬

宫室二學校

文廟　在學西大成殿三間東廡三間西廡三間戟門三間櫺星門一座舊無泮池萬曆二十二年知縣蔣守浩始鑿週圍七丈餘深十丈甃以磚石三橋欄杆

備考

啓聖祠三間　在大成殿後

儒學　明倫堂五間存心齋五間在東後性齋五間在西大門三間儀門一間

敬一亭　在明倫堂東知縣史　重建

名宦祠　在文廟前東知縣史　剏建

鄉賢祠　在文廟前西知縣史　謙建

教諭宅　在明倫堂後偏東

訓導宅　在明倫堂後偏西

祭器庫　在明倫堂東今廢

學倉　在學大門內今廢

社學三間東西耳房各二間大門一座在
儒學後西北隅

士謹按周盛時教化宣明賢才之興京邑稱最故都人士之什曰狐裘黄黄出言有章行歸于周萬民所望若鄭在邦畿之内學校廢壞時人叫刺子衿之篇以刺之矣

懷柔士

王畿不百里而諸子衿正
帝都之秀也章甫而闊行以振拔于萬民之上者不可謂無其人若彼裘冠褐裳紛論闒議而實行濶不知術為儒蔬得什頓悪木之思逍遙少稍遂謗風氣之罪而乃詡詡然命之曰都人士也吾不欲觀之矣爾考洪武八年命御史臺官選國子生分教北方十四年頒五經四書于北方學校二

十年選南方有學行者分教北方學校生
徒增廣生員不拘額數復其家二十四年
命禮部頒書集于北方學校是時
龍飛南向而鋭意北平之士至再至三肫懇若
此士有不易是
祖宗之培養姚美菁莪而甘以挑達自待可恥
也若廣泮源之大修膠庠鄒道元之表立
黌序范純仁洪興祖之一新學校則責又
在司牧矣

宮室三 公署

察院 在縣治東大街居中大門三間儀
門一座東西二角門大廳五間東西皂
隸房各三間後廳五間穿堂三間東書
房三間西廚房三間

舊兵備道 在縣治南由嘉靖四十年兵
備張邦彥刱建大門三間儀門一座三
間大廳三間東西皂隸房各三間後廳
五間東西廂房各五間茶廳三間書辦

廚房共十二間

新兵備道　在儒學東原是空地萬曆元年知縣郭居易剏建大門三間儀門一座東西二角門大廳三間東西皂隸房各三間後廳五間東西廂房各三間有刻石撰文

守備衙　在縣治北大門三間儀門一座東西二角門大廳五間茶廳三間後廳五間東西廂房各三間土地祠一間在

大門內東菜園一所在大廳西萬曆元年剏建

中軍廳　在守備衙西大門一座廳舍三間

演武廳　在守備衙東

營房　在守備衙東三十八間西一百間

預濟倉　在縣治前大門一座廳舍三間厫房一十五間厫神祠一間嘉靖二十九年以來召商糴買米豆俱積貯于此本縣城操兵備亦在此及余大使住居

陰陽學　在縣治東今廢

僧會司　在縣西能仁寺

養濟院　在縣治西大門一座房舍十間

曬米廠　在縣治東正廳三間號房十間

大門一座萬曆二年昌鎮戶部郎中姜

仲栻立石撰文

草廠　在縣治西北大門一座週圍墻垣

二百餘丈

教軍場　在南門外迤西南北長七十四丈

東西濶十七丈計地二十畝

古北口驛　坐落密雲後衛自嘉靖十年

裁革不與本縣干涉萬曆二十一年召

募槽頭十二名應付往來使客載在本

府志

白公生祠　在縣南門外迤西太僕寺卿殷仁撰文

鋪舍

縣前總鋪　在縣治前

年豐鋪　在縣東南十五里

小務鋪　在縣東關外十里

王家鋪　在縣東二十里

松棚鋪　在縣東一百里

坊牌

聚賢坊　在大南門內　通北通判張

士謹按先正有云以一巳衣食之奉言尚

不爲素飧若以奔走承御之奉言恐素飧

不足以盡其辜夫不蠶織而文繡不耕蓄

而膏粱不貨而車馬不營造而宮室巳

爲過分乃無補于民而盛從豊供繁文縟

節恐剝民膏脂以供吾耳目口腹之欲每

寓公署內清夜靜思能無媿汗乎此士大

夫不可一日忘檢點者也

營建四壇壝　祠廟附

社稷壇　在縣西春秋二仲月上戊日祭

風雲雷雨山川城隍壇　在縣南門外春

秋二仲月上巳日祭　通北通判張　翱造

邑厲壇　在縣城西北以三月清明日七

小[illegible]館　在縣東門外十里

王家館　在縣東二十里

[illegible]館　在縣東[illegible]里

[illegible]坊　在大西門內迤北道東

[illegible]

社稷壇　在縣西春秋二仲月上戊日祭

風雲雷雨山川城隍壇　在縣南門外春

秋[illegible]

邑厲壇　在縣城西北以三月清明日[illegible]

月十五日十月初一日祭

八蜡 與上巳同祭

馬神土地 舊有馬神廟後廢知縣郭居易塑像于土地祠並祭焉

祠廟

真武廟 在縣正北城上因殿宇損壞不堪萬曆三十一年守備李士俊重修

關王廟 在縣東門外知縣史[illegible]修買田[illegible]供香火[illegible]

東嶽廟 在縣東門外土丘上

娘娘廟 在縣東門外土丘上

馬神廟 在縣大門內與土地祠共

玉皇廟 在縣外東北土丘上致仕官宋洪立

龍王廟 在城西龍王山上

文昌帝君閣 在縣東門內迤北萬曆三十一年知縣史 創立

八蜡廟 在城內東北

三義廟 在縣南廟城庄范倉立

鄒衍廟 在縣東四十里黍谷山上

顯靈廟　在縣南十里趙家庄

城隍廟　在縣內西城角

二聖廟　在縣東小門外

五道廟　在縣東大門外

士謹按司民牧者有民人焉有社稷焉治民事神兩責交萃而其實無兩也吾政教以時紀綱不悖則民安而神與之俱安若舉動乖張人非而鬼隨讙焉孔子曰使民如承大祭蓋已合言之矣能無惕然齋遬

乎

宮室五寺觀

勅賜資福寺　在縣北十五里虹螺山麓乃古之大明寺也創置于皇統初年至

國朝正統丁巳順德長公主重修

勅賜定慧寺　在縣北十八里山麓下寺中建萬壽齋天子塔

勅賜弘善寺　在縣東十八里有正統年記

勑賜奉聖寺　在縣西南五里

能仁寺　在縣西門外

凊修寺　在縣北二里

勑賜雲岩寺　在縣東南九十里許栲栳

山前

臺下寺　在縣西三里

硯堂寺　在縣東八十餘里俗傳自漢時名

曷泉寺重修於正德己卯改名曰硯堂

寺

朝陽菴　在縣東門內

華嚴菴　在縣北乾澗峪

德勝菴　在縣北乾澗峪今改名玄書院

邪陰背菴　在縣北虹螺山後

士謹按今天下困窮已極議節省則莫如裁冗費矣冗費莫侈於宮室宮室莫侈於寺觀而畿甸尤作俑之始即以蕞爾之懷柔其號象教琳宮不可以一二數長旛族於蝟毛

寶耀燦於星日駸駸乎月異而歲不同矣爲以明白易曉之理諭之曰爾輩之惑不可解矣內不敬父母而外敬神佛一惑也明不畏憲典而幽恐違佛法二惑也近不修眼前而遠思修來世三惑也較刀錐於父子兄弟而施千百於衲子淄流四惑也彼愚夫愚婦豈無一二陰誘其明而歸之正者乎是孟氏所謂反經而昌黎氏稱明先王之道以道之者也吕心吾先生有書

世界畢竟是吾儒世界雖二氏之教雜出而紀綱法度教化風俗都是二帝三王一派家數即有家並出只要主僕分明所謂元氣充實即風寒終非危証也旨哉斯言儼亦孟韓兩夫子之意歟

宮室六陵墓

元

東平王劉公墓　縣東南西河莊石碣石人馬并駝尚在後裔俱係家里民

國朝

懐寧侯孫公墓　縣北虹螺山前富樂里

耤大同人

武定侯郭公墓　縣北虹螺山前

成國公封東平王朱公墓　縣西十五里

被澤山前

成山伯王公墓　縣西北七里房家里籍

人墓　在呼奴山東白雲觀西萬曆

十五年本縣署教諭事劉子唯題碣

謹按卜其宅兆者人子爲親之事敬剪

則后人崇往喆之厚道也若大人者

許身於天地而欲以七尺之軀一坏之土

三寸之黄腸題凑總爲已有亦過矣古人

驕穰聚沙原不必規規於牛眠馬鬣間而

今擅修佳城者必避連堈隱幹且假寶玩

爲玄廬壙廋之増奉不踰世而竟發於刼

掠之手可爲世鑒巳玉魚金椀早出人門

趣者如斯奈何不悟

卷之一終

蜀人周仲士纂

吳人史國典校

賦役志第三

周仲士曰有田則有租有身則有庸古今賦役之常則也惟茲懷柔實古冀域厥田中中厥賦上下而今牟隸湯沐優恤恆多但地瘠沙漠人半軍伍則開墾難而正糧之外雜差繁增則使削易夫以寰宇通論當此宮瞬金虎權酤摶囆筐篋丘陵關市山海舉目菁華歇絕景象消沉山川之精英幾爲盡鑠而況其易若此其難若彼不至田盡廢而里爲墟不已也譬之策瘠敝之乘於千里之途卽善息猶苦其難而御者顧前纏後箠左策右鞭焉往而不蹶吁嗟民之蹶久矣良有司者識焚林竭澤之愉而噢咻以體恤潤溉以湛恩於萬不得已之中寄存用一緩二之念是邪予所冀賢者盡力之時乎

賦役 一戶口

原額一千二十戶六千六百四十二丁口

實在一千二十戶七千三百一十六丁口

萬曆三十年審過實在八丁各則不等共三千八百二十一丁半今新復業入籍未編差役

士謹按周官小司徒稽國中四鄙之夫家鄉大夫登夫家之衆遂大夫稽其衆司民書之於版以詔司寇獻於王戶口則國命也懷柔當

國初猶稱克實今日漸浸耗矣涔熯游歲弁日不一飽菜色載塗白骨塡壑則耗於饑赤白交馳墩燧疊徼東奔西吼雨血風毛則耗於兵兼之嘍魈晝嘯猶狂久現呻吟而泣淚者至不可忍聽聞又耗於疫彼乎遺嗷嗷流離四方者半矣夫戶口不實則賦役不均而民生日促還定安集之策有司肯晏然而已乎

賦役 二稅糧

官民田地

見在徵糧官地共三十七頃七畝九分八厘三毫六絲七忽八微

見在徵糧民地共一千三百九十二頃二十二畝一分五厘縣前碑載役冊同

起運夏稅　二百九十兩二錢九分四厘一毫七絲

存留夏稅　一百三十二兩九錢四厘一毫七絲

起運秋糧　六百三兩七錢八分七厘七毫二絲六忽

存留秋糧　三百二十六兩二錢一分三厘二毫八絲

起運馬草　一千三百三十八兩八錢三分五厘

存留馬草　六十五兩六錢

戶口鹽鈔　起運三十四兩八分存留無

進宮子粒　二十二兩七分九厘

給餉　九十五兩一錢五分四厘

站糧　一千五百八十六兩三錢八分六厘六毫一絲五忽地畝出辦今奉文加增二百兩

經費　六百一十四兩二錢七分遞年多少有增減

裕陵神宮監榛場四至

懷柔縣東坊市

東至中富樂

南至河

西望郭務小山

北至孤堆山

富樂里

東至范家山

南至路家庄

西至虹螺山

北至栢崖廠

西張里

東至沙嶺

南至石城

西至山嶺

北至高道懷

流水里

東至墳頭村

南至栢崖廠

西至神堂峪關

北至馬家池獾兕

榛果戶看山小甲一十二名

陵戶一百五十名

墳戶五十九名

廟戶一十二名

壇戶一十四名

士雄按

太祖迅掃胡元後即加意北平元年詔免稅糧三年如之九年又如之十八年又詔免秋糧二十四年又如之

文皇起燕首徵發佐軍興若在關中河內而旋建粤又若左馮翊而輔京國以故矜恤之

詔屢下三年免田租二年六年免賦役三年十年免租稅十四年免逋租遣官賑濟史不絕書噫斯民亦何幸也今常賦之外軍輸雜辦幾浮其半而又丁凶旱之年榷稅之苦皮既盡矣而毛終無所傳肉且朘矣而眼竟不可瞬

當宁者肯留神於

二祖之史冊一披閱之得無蹙動乎區區以一節愛責之令長無能爲也

賦役三徭役

舊府志

編頭五十六項該銀三千二百四十四兩二錢八分七厘七毫三絲三忽舊冊已經改編

今徵各則丁銀共一千三百八兩七錢

上上則無

上中則無

上下則半丁編銀玖錢三分

中上則三丁半每丁編銀一兩五錢二分一厘

中中則六丁半每丁編銀一兩二錢七分六厘

中下則六丁半每丁編銀一兩三分六厘

下上則五十七丁每丁編銀七錢九分六厘

下中則三百三十丁每丁編銀五錢五分六厘

下下則三千四百一十七丁半每丁編銀

公署門子二名每名銀七兩二錢共銀一十四兩四錢

本縣庫夫一名庫書一名每名銀七兩二錢共銀一十四兩四錢

本縣預備倉看倉老人一名斗級二名每名銀七兩二錢共銀二十一兩六錢

本縣看監夫五名每名銀四兩共銀二十兩

本縣燒夫四名每名銀四兩共銀一十六

兩近該知縣史國典申改十名總編銀八兩

本縣捕快三名每名銀七兩二錢共銀二十一兩六錢

本縣民快二十二名民兵十二名每名銀八兩四錢共銀二百八十五兩六錢

本縣知縣皂隷一十二名典吏皂隷四名每名銀七兩二錢共銀一百一十五兩二錢

本縣各舖舖兵一十五名每名銀六兩共銀九十兩

本縣陰陽生四名每名銀七兩二錢共銀
二十八兩八錢
本縣看監禁子四名每名銀七兩二錢共
銀二十八兩八錢
本縣直更夫五名每名銀三兩共銀一十
八兩
本縣吹鼓手八名每名銀二兩六錢共銀
二十兩八錢
本縣儒學庫子一名斗級一名門子六名
每名銀七兩二錢共銀五十七兩六錢

廣濟倉斗級四名草　庫子二名每名銀
七兩二錢共銀四十三兩二錢
本縣接遞皂隸共十四名每名銀六兩共
銀八十四兩
本縣知縣燈夫四名典史二名每名銀六
兩共銀三十六兩新設知縣史國典申減二名少編銀一十二兩
本府治中衙陰陽生一名銀三兩六錢
本州快手二名每名銀七兩二錢共銀一

十四兩四錢

士謹按今天下有名爲節省而其實有大不便於民者則近日之淸減條鞭是已里甲之累民易知也以故改而爲條鞭立法者貴其可繼故改鞭之初尚寬裕有餘以俟有司之酌處乃一二浮薄輩倡爲節省之說以媚上司之好以圖一已之聲而各款盡爲戧減減之又減以至於必不能行矣至於必不能行之時而各款將終焉已

乎必不能終則私役里甲以濟之者也是始止一里甲之累而今兩累之大家爲掩耳盜鈴之計其實行甚於加賦余謂今日之裁革太甚徒滋擾者之肘而益以恣不肖者之獗也假使有司者酌其必不可行之款而請以時復役稍得稍平乎若牽節愛之虛名而以罔吾民不仁甚矣余闢史君言懷柔簡僻供應亦稀革免此弊

[illegible]慶兩土產

穀類

穀各色　黍各色　稷二種　秫

麥大小　蕎　粱　蜀秫各色

薏苡　豆各色　粳米二色　稗

芝麻　蘇子

花類

菊各色　千葉蓮　葵各色　石竹

芍藥各色　雞冠　萱　欄花

八仙　山丹　玉簪　碧桃

丁香　扁竹　百日紅　水紅

金盞　鳳仙　薔薇　十姊妹

珍珠　茨薇　月季　葉落金錢

剪春羅　木槿　六月菊　迎春

果類

榛　栗　梨各種　櫻桃

核桃　桃各種　柿二種　杏各種樹有附者佳

棗小者作棘　李各種　沙果　都李

菱芡

菱芡
棗　李　沙果　葡萄
胡桃　桃　林檎　杏
榛　栗　梨　櫻桃
花類
[illegible]春　木槿　木[illegible]　迎春
珍珠　紫薇　月季　[illegible]
金盞　鳳仙　[illegible]　[illegible]
丁香　[illegible]　石竹　[illegible]

水仙　山丹　玉簪　[illegible]
芍藥（各色）　[illegible]　[illegible]　[illegible]
菊（各色）　千葉蓮　[illegible]　[illegible]
穀類
芝麻　蘇子
薏苡　豆（各色）　稗米（三色）
麥（大小）　米　[illegible]
稷　秫　穀（二色）
[illegible]

菜類

芥　葱　瓠　蒜

韭　白菜　芹　茄

葫蘆　莧　蘿葍（各種）　蓼

茼蒿　萵苣　蕨　蔓青

黃花　薄荷　香椿　龍牙

木類

松　栢　榆　樗木

柳　槐　椴　椿

桑　楊　楸　橡

桐　梓

草類

荻　茅　蒿　艾

蔴蓄　蒲

藥類

芍藥　半夏　南星　瓜蔞

柴胡　桔梗　黃芩　荊芥

防風　[illegible]　地丁　知母

桃仁　地骨皮　牽牛　天花粉

大麻子　天仙子

土産援桑麻之利林澤之饒甲於天下燕非勃碣間一大都會哉第山澤不辟則財匱少財匱少則民路夫籌書期會令之迹也勸農課桑令之本也第省方觀民可行于古之天子而巡行阡陌不見于今之守令弊也以其有司或於講約之暇或乘勸田相驗之便毋至一處即爲之一勸課申諭焉務本之民其庶幾勃然乎若不躬行而徒戶說以搬論無補也

職官志第四

周仲士曰凡爲天下國家有九經柔遠人也懷諸侯也懷柔命邑實兼九經而兩之夫以其專城分土䣊諸侯之國而神京密邇則天子之都以其外溥北虜謂遠人之當柔而內接郖畿則邇人之當柔攸是官者可無思乎朝廷建之以官司聯之以師長設之以武備

政教兼行文武備舉相繼相制有一家之義焉爲民父母而俾若赤有啼饑號寒失所之憂父母責也若命家督以防不虞而或值盗賊之警延整師以禦子弟而猶有逸居無教之民亦家督整師責也明紀綱振武勇脩教誨總之在賢令矣夫令之吏于土者少則二三年多不過四五年静由以吏治民則民聽吏以民徵吏則吏聽民譬至五年之潤澤以永千百年之尸祝奈何不欣然喜歌三五年治民之吏而聽千百世雌黄之口于民奈何不懼然懼覘碑竪千載棠蔭庇萬年后之縣令猶今令之縣昔矣懷柔職官國初既阻于文獻無考而成化以後亦若存若亡姑就見聞所及者臚列之以備法戒焉

職官一 職名

兵備道

張邦彦 嘉靖四十年任由進士山東臨朐縣人兼管通州整飭兵備分防

大水峪今裁革

知縣

師　泰　成化年任河南武涉縣人由監生

夏　勳　成化年任浙江嘉善縣人由監生

張　鏞　成化年任山東臨邑縣人由監生

劉　淮　成化年任河南祥符縣人

杜　誠　弘治年任山西太平縣人舉人

劉一貞　正德年任山東肥城縣人舉人

黃　謐　嘉靖二十九年任河南汝寧府人舉人

佻　熠　嘉靖二十九年任山西長治縣人舉人

李士旒　嘉靖三十二年任山西保德

州人舉人

劉　鐵　嘉靖三十五年任山西徐溝縣人監生陞任漢中府通判有去思碑

象希堯　嘉靖三十六年任山西人貢士

許　中　嘉靖三十九年任直隸金壇人

張崇謙　嘉靖四十年任山西蒲州人舉人

李復性　嘉靖四十二年任廣西馬平縣人舉人

朱繼立　嘉靖四十五年任河南羅山縣人舉人

蔡孔津　隆慶元年任山東德州人舉人

郭侶易　隆慶四年任山東膠州人舉人

董五禮　萬曆三年任山西平定州人

舉人

趙坰　萬曆六年任山東萊陽縣人

選貢

龐鳳鳴　萬曆八年任山西屯留縣人

舉人

王王猷　萬曆十三年任山東威海衛

人選貢

王爾楫　萬曆十四年任陝西岷州衛

人選貢

賈濬　萬曆十六年任陝西寧羌衛

人選貢

蔣守治　萬曆二十一年任廣西全州

人舉人

杜津　萬曆二十六年任河南扶溝

縣人舉人

史國典　萬曆二十九年任直隷應天

府溧陽縣人選貢

黄一化　萬曆三十四年任直隸寧國府寧國縣人選貢

主簿

李鏗

高棟　潞州衛人監生

石偕　介休人

張良臣　陝西中部縣人

毛豪　河南南召縣人

原設主簿管馬嘉靖年間裁革之

典史

鄭寧　弘治六年任山東濟陽縣人

吳妍　正德九年任陝西咸寧縣人

崔廷輔　嘉靖二十七年任

張相　嘉靖四十年任直隸鳳陽人

甘炯　隆慶年任

江東　萬曆年任直隸徽州人

孫釪　萬曆十年任浙江餘姚縣人

劉應麟　萬曆十二年任浙江義烏縣人

范文煥　萬曆十八年任湖廣武岡州人

馮甘澤　萬曆二十一年任浙江錢塘縣人

唐應揆　萬曆二[illegible]年任滁州含山縣人

焦希顏　萬曆二十九年任陝西涇陽縣人

儒學教諭

郝濂　成化十四年任

吳洪　弘治八年任陝西咸寧縣人舉人

陳巳　年任遼東寧遠衛籍直隸安慶府人

丘聰　正德　年任陝西盩縣人

閆爵　隆慶元年任山東費縣人
王騶虞　隆慶六年任山東平度州人
何粱　萬曆元年任山西繁峙縣人
高自登　萬曆三年任廣西臨桂人舉
人
焦渠　萬曆五年任真定府欒城縣
人
孫中和　萬曆八年任保定府唐縣人
陽文炳　萬曆十年任廣西臨桂人舉

人
劉子唯　萬曆十五年任真定府南宮
縣人舉人
馬文卿　萬曆十七年任貴州籍儀真
人舉人
胡翺卿　萬曆二十年任真定府棗強
縣人舉人
康文昇　萬曆二十六年任遼東廣寧
後衛人

閆策 萬曆二十九年任河間府景
州東光縣人
閆青 萬曆三十年任山西平陽府
霍州人

訓導

董泰 天順 年任河南通許縣人
舉人
楊守和 弘治 年任河南商城縣人
劉釗 弘治 年任河南延津縣人
葉勝 成化 年任直隷建德縣人
楊翰 年任山西壺關縣人
關瀾 年任河南淅川縣人
管汝佐
李達 年任山東高密縣人
劉桐 年任山西青澗縣人
李維喬 萬曆二年任山西汾州人
方元亨 萬曆九年任遼東瀋陽衛人
張壽 萬曆十四年任萬全懷安[illegible]

人
陳九齡　萬曆十七年任大名府元城
縣人
龔　庶　萬曆二十年任保定府易州
人
任　相　萬曆二十五年任永平府欒
亭縣人
劉　璡　萬曆三十七年任山東青平
縣人

萬世恭　萬曆二十九年任四川綿州
人

把總官
馮　愷　密雲中衛千戶
李奉先　密雲中衛千戶

守備官

張紹忠　隆慶二年任[illegible][illegible]延慶衛指
揮

賈陳策　隆慶三年任京衛人武進士

劉　龍　萬曆元年任陝西榆林衛指
揮

周　臣　萬曆三年任京衛人武進士

李大初　萬曆四年任陝西延安衛人
由武進士

史　金　萬曆四年任浙江觀海衛指
揮

徐天衢　萬曆七年任保定衛指揮

張應選　萬曆九年任浙江觀海衛指
揮

顧大魁　萬曆九年任薊州鎮朔衛指
揮

喻惟清　萬曆十二年任京衛指揮

陳大忠　萬曆十三年任京衛人武進
士

楊勳　萬曆十八年任通州衛武進
士
徐鏘　萬曆十九年任昌平泰陵衛
指揮
王祖制　萬曆二十年任保定衛指揮
王思舜　萬曆二十二年任保定衛千
戶
邵繼勳　萬曆二十六年任密雲衛指
揮

李士俊　萬曆三十年任京衛指揮同
知

中軍官
葉繼勳　營州左屯衛百戶
林文　營州左屯衛千戶
馬惟才　營州左屯衛百戶

士謹按漢志京兆吏其發擿趙公廣漢時

以其樹與谷巖二三輩最著春秋然止于剌姦鋤恭方諸雅化不逮矣夫懷柔非京兆域聊大子建長吏以綏氓萌豈務勝之徑欲化之耳詩曰愷悌君子民之父母隣王室而念孔邇之思即欲嚴威刻削以稱廉能不可得矣宋儒謂權柄在手不是使性氣去處何曾見有姓不怕官人只見官人虐有姓耳王復斯語用濟慄况用懷曰柔命名猶可繹思哉

職官二 名宦

名宦

漢

李廣 漢人景帝遣自白檀山出伐匈奴武帝拜爲右北平太守匈奴號曰飛虎將軍數歲不敢入北平

吳漢 爲安樂令素聞光武賢數欲歸附乃說漁陽太守彭寵遣將兵而南及光武于廣阿拜漢爲偏將軍由

此与漁陽安樂俱從光武矣入祀

郭伋 光武時漁陽太守時群黎遭莽亂又重以彰寵之叛民多猾惡爲寇伋示以恩信盜賊消散安樂等縣戶口倍增

張堪 爲漁陽太守捕擊滑奸賞罰必信百姓歌曰桑無附枝麥秀兩岐張公爲政樂不可支視事八年匈奴不敢犯

唐

李保臣 范陽人善騎唐肅宗時歸命平史朝義擢禮部尚書封趙國公遂有六州地後卒贈太保

李宏機 顯慶中檀州刺史修理學宮敎勸生徒郡中由是大化入祀

五代

李嬰 周安州防禦使治郡寬簡民立牌頌其德入祀

遜思退 幽薊人為檀州刺史子歸涿州冠以儒名仕周歷禮刑兵戶侍郎世宗開其直亮推尚書右丞樞密直學士[illegible]祀

宋

楊業 善戰號無敵拒遼有功歿于陳家谷民思其忠立祠至今祀之東坡有詩

黃友 為檀州州判[illegible]人敗盟郭藥師以常勝[illegible]友獨領數千人與戰殺[illegible]人石多辱[illegible]欽宗召見[illegible]之[illegible]入祀

元

張[illegible]八年檢校司[illegible]知檀州軍事入祀

楊[illegible]元年任檀州知州勤慎有為[illegible]役作興學校百姓思之如父母入祀

州守節　至正元年任檀州知州修理
學宮敦尚儒風元俗至今不變入祀

國朝

徐達　自山海至密雲緣邊建關營堡
寨以爲內邊

常遇春　北伐至檀子山古北口命指
揮張建試戍古廟

唐忠　洪武五年任密雲縣知縣以律
已慈以撫字在任無赫赫之績去後
有綿綿之慕入祀

夏勳　成化年任本縣知縣勤慎寡言撫
民有恩

鄭濂　成化年任本縣教諭勤於課士嚴
以律身

土產　按洪熙元年七月順天府懷柔縣知
縣鄒允中奏請自黃花鎮東至曲螺山土
天壽山巳遠乞照舊禁以便採辦輸官等

上從之又

諭工部尚書吳中曰弛禁便民朕所不吝若採之無節恣意伐斫則材木易竭宜令以時取之仍禁傷其根本庶幾可資常用夫斧斤以時入山林王道之始也欲溥苑囿之利而公之民人臣之誼也此一事而

君臣兩得之矣然查諸志稿邵公已失其名若不表出後將何考是宜入之名宦以昭公道貽去思

懷柔縣志卷之二終

懷柔縣志卷之三

蜀人周仲士纂

吳人史國典校

人物志第五

嗣仲士曰自昔紀人才之盛一半是天生出來一半是人主作養出來均之出于天也在堪輿而論山川流麗則靈秀獨鍾爲儁傑均之出于人主也王國克生涵醲化而被庥烈爲縣寓普則培植楨幹爲郵著以懷柔之風氣巒環拱翠靈與傑值剏去神京尺五二祖之開闢列聖之養育薰陶久道成化且二百四十載挺生拔出其間豈無斌斌者總之薪櫄之士佐駿翼鴻科貢要矣若武弁爭馳于戎馬固燕趙開豪傑弓矢之場也高人軒舉于浮雲則范鎮幽都所賦蹈禮義而服聲名者之所易也孝義行篤于閭里節烈名完于闈閤豈惟生俠節之風一變而爲正氣千載而下襲其香儀其羽猶令人竦然起敬乎何

可以無紀弁志之

人物一鄉賢

漢

蓋延　要陽人同安樂令吳漢歸光武拜虎牙將軍平北河有功累封安平侯食萬戶今圖雲臺

王梁　要陽人初爲郡吏時安樂令吳漢會漁陽太守歸光武時彭寵以梁守狐奴令梁與蓋延將兵從光武拜偏將軍後擢大司空擊赤眉有功拜

河南尹封阜成侯

趙玉　漁陽人嘗客滄州劉守光破滄州盡戮呂袞親屬袞子琦年十四玉負之以逃琦仕後唐至兵部侍郎嘗撫趙關以玉能存呂氏之孤翕然稱之

竇禹鈞　漁陽人祖遜玉田令父思恭媯州司馬禹鈞仕周累官諫議大夫

可以無愧於志之

人物 一鄉賢

漢

蓋延 要陽人同安樂令吳漢歸光武拜虎牙將軍[illegible]北河有功累封安平侯食萬戶今圖雲臺

王梁 要陽人初為郡吏時安樂令[illegible]漢會漁陽太守彭寵光武時寵以梁守狐奴令與蓋延將兵從光武拜

偏將軍從征大司空擊赤眉有功拜河南尹封阜成侯

遼

[illegible]通[illegible]人[illegible]客諸州劉守光[illegible]令州盡載以家亂屬家于[illegible]年十四生宜之以[illegible]仕後唐至吏部侍郎[illegible][illegible]以主[illegible]有四尺之[illegible]會[illegible]之

[illegible][illegible]人[illegible]王田令父[illegible][illegible][illegible]州司馬[illegible][illegible]仕周[illegible][illegible]諫議大夫

有隂德生五子皆登科第入祀

程普　北平土垠人初爲州郡吏有容貌計畧善應對後從孫堅出征堅卒從孫策援廬江下秣陵遷爲吴郡尉遷零陵太守東卒輔孫權討平不服官至盪冠將軍子咨封高密侯

元

楊佑　武畧將軍世家檀州中統辛酉克檀州昌平管軍官遒敏有幹畧平

谷尉方歲擢檀州採金都提轄入祀

趙伯敬　密雲人至順間爲薊州知州守已以謙律身以應撫下以仁首修文廟以興教化入祀

國朝

士謹按懷柔在前與昌密分合沿革不常諸所稱鄉賢未必一一皆懷人也而迺諸未分之前未必一一不皆懷人也令長吏公太石曰茲舉也誠不欲掠彼既拆之善亦不敢遺此未拆之美樹典刑貽文憲此猶宜慎與總之秉道履貞之士如谿桃李如谷芝蘭芳徽韡韡範鄉閭而淑來喆血食自不可泯以故百世之下凡此疇爭俎豆焉倘不軌不物豈獨邑羞以為鄉族羞以為宗至子孫且羞以為祖矣人心春秋凜凜若此吁可畏哉

人物二科貢 恩官歲選吏員省祭附

宋

吳瑋 以賦詞官翰林大學士

元

韓壽 善述文猶長於詞章世宗時

登金門平章事

國朝科目

進士

張守韶　登[illegible]科進士

戴昂　登[illegible]科進士

李麟　登[illegible]科進士

張珪　登正統[illegible]科進士任直隸
太平縣知縣

王韶　登[illegible]科進士歷任南
昌府知府

殷仁　登嘉靖癸丑科進士歷任兗
馬寺卿

舉人

李儀　中[illegible]科舉人任江西
平樂縣知縣

王佐　中[illegible]科舉人任應天
府經歷

劉規　中[illegible]科舉人任遼東

廣寧衛經歷

王恂　中□科舉人任禮部
精膳司主事

張翼　中□科舉人任京衛
經歷

劉安正　中□科舉人任陝西
提學僉事

任方　中□科舉人任陝西
隴州訓導

馬讓　中□科舉人任陝西
鞏昌府教授

趙潑　中□科舉人歷任荆
州府同知

吳誠　中□科舉人任禮部
主客司主事

馮堆　中□科舉人歷任大
同府同知

張羽　中□科舉人任青州

府訓導

張憲　中[illegible]科舉人任山東

德平縣訓導

王璽　中[illegible]科舉人任淮安

府清河縣訓導

禡欽　中[illegible]科舉人任河南

武陽縣知縣

杜某　中嘉靖乙酉科舉人任河南

安陽縣知縣

杜瑶　中嘉靖甲子科舉人任陝西

平涼府信縣知縣

宋世良　中萬曆癸酉科舉人歷任知縣

鍾大相　中萬曆甲午科舉人

貢士

杜本　任鳳陽府臨淮縣知縣

嘉善　任陝西咸寧縣知縣

張翔　任直隸潁州判官

王恒　任直隸德州判官

張儀　任陝西鄠縣主簿

張亨　任山西按察司檢校

鄭輔　任山西蒲州判官

來茂　任山東萊陽縣主簿

王敏　任浙江衢州府檢校

王英　任山西太原府知事

楊鼎　任通政司經歷

張珩　任山東寧海州判官

劉昱　任淮安府知府

張恭　任開封府章丘縣知縣

魏斌　任陝西郿縣知縣

劉禎　任陝西平樂縣主簿

劉安　任山西五臺縣知縣

張翱　任山東陽谷縣主簿

蘇端　任應天府檢校

趙詠　任山東陵縣主簿

王琮　任山東棲霞縣訓導

石璇　任山東益都縣訓導

王壽　任揚州府檢校

李晟　任曹州稅課局大使

朱勝　任貴州縣長官司大使

武韜　任陝西甘州衛知事

劉堅　任貴州府伴讀

趙智　任山西平安州學正

王海　任山東武城縣主簿

劉賢　任浙江義烏縣縣丞

趙忠　任山西榆次縣主簿

王霖

席聰　任蘇州吳縣主簿

李昂　任山東平度州同知

王忠　任山東臨朐縣主簿

田璲　任山東兗州府教授

田世魁　任陝西雲中衛經歷

張鵬　任金華府經歷

王鏵　任遼東都司教授

紀玉　任山東青州府照磨

馮　錦　任山東曲阜縣訓導

杜　洪　任封丘縣主簿

趙　璽　任樅陽衛州吏目

張　鉞　任山西孝義縣知縣

石　塘　任池州府銅陵縣知縣

陳　銘　任河南夏邑縣訓導

王　玠　任遼東[illegible]州衛訓導

馮大綱　任雲南[illegible]門縣知縣

高　瑾　任山西吉州訓導

趙士傑　歷任王府教授

劉廷瑞　歷任德州學正

王光先　歷任山西代州府教授

劉秉彝　歷任陝西寧州同知

李　琇　任河南輝縣主簿　事實詳見義士志

張　湞　任河南德安府通判

劉秉鈞　歷任山西猗氏縣縣丞

鍾　彝　任山西樂縣知縣　[illegible]

張　濟　任陝西文縣知縣

杜廷珠　任山東鉅野縣知縣
張廷植　任河南商丘縣主簿
杜德彰　任河南修武縣訓導
張廷楠　任山東濮州州判
蔣義　歷任陕西鄜州知州居官廉愛有聲望流寓還鄉評敬羨
宋晃　任河南商城縣縣丞
王禱　任山東高唐州判官
張澍　任山西榆次縣縣丞
張桐　歷任四川馬湖府經歷

張德成　任山西大谷縣縣丞
張朝佐　任山東萊蕪縣知縣
蘇愚　任蘇州府崇明縣主簿
蘇雨　任山西翼城縣縣丞
杜魁春　任陕西鄠縣主簿
張仲美　任河南洛陽縣主簿
張文緒　任鎮江府丹徒縣主簿
田世耕
范登雲　歷任陕西西安府長安縣教

諭

史載吉　任山西屯留縣主簿

邢維鉞　任永平府撫寧縣

劉翠第　[redacted]

杜聯芳　任北直隸新樂縣分教

田萬方　選貢任江西靜安縣訓導

鍾大勲　任直隸鳳陽府天長縣訓導

石孔學　萬曆三十年歲貢

李枝　萬曆三十年恩貢

李天壽　萬曆三十二年歲貢 [redacted]

例貢

宋祉　任州吏目寅洞里人

李朝用　房家里人

李陽春　木林里人

馬一驥　南吳里人

恩榮官

劉元吉　東坊市人嘉靖四十二年遇

恩例

劉晃　平家里人嘉靖四十二年遇

恩例

栗祿　富樂里人嘉靖四十二年遇

恩例

武舉

安大順　黄洞里人中壬午科鄉試

劉德厚　康家里人由儒學生應審雲

撫府選備把總題陞本營千總

吏員任職

趙世龍　任雲南巡檢

王龍　任湖廣巡檢

趙江　任山東陽信縣典史

張盤　任南直隸驛丞

孫洲　任陝西兩當縣驛丞

孫　諤　任山西太原府崞縣縣丞

周　宗　任直隸桐城巡檢

李朝科　任山東莘縣典史

王尚文　任遼東　倉大使

省祭官

李廷美　任獨石倉大使

王天佑

賈仲學

馬如龍

孟希舜

薛守仁

趙夏佐

劉德輝

胡過義

王　儉

閆　俗

王　珂

[illegible]

顯榮以詫鄉井而見哉正謂獲于表薄材士發身令鄉井有所庇有所範耳何一旦滿奕鵬騫纓緌結綬則門牆閙簫鼓而閭里增夜奪勞費之憂士民開奢靡浮蕩之習束縉紳若此是鄉之害也風教之蠹也縱詡什鑣而暮踏井三年且以千百計奚足貴哉語曰金鑑毀瓦成虎變鼠士宜如何自擬哉

人物三　孝子

王嘉猷　秉家里人父尊先早喪母杜氏孀居猷竭力耕作以養其母母素懼雷聲猷夫頃每遇陰雨則戶其侍於其側而母心始寧凡遇陰期雖官差勞務亦未嘗不舍而歸家以省其母也迨其母杜氏沒葬於本縣龍王山側猷結廬守曰每在懼雷今母在野也其靈無懼乎倘有陰雨誰其事之誰其衛之遂爲廬墓杖鄉親併眷屬屢阻之竟莫奪其志

廼葉家業妻子築室於墓右獨居之日擔土數擔以累其墓取薪於山汲水於河年餘墓前湧一泉其水甚甘始免遠汲之勞意者孝之所感乎

士謹按晉王裒以孝聞隱居教授三徵七避皆不就廬于墓側旦夕常至墓所拜跪攀栢悲號涕泣著樹樹爲之枯母性畏雷母殁後每雷有聲輒到母前號曰裒在此今孝子嘉猷旦夕侍側郎官差急務未嘗

不舍而歸家以省其母與不就三徵七辟者同廬墓同母雷而輒護同又同王其姓豈其苗裔耶抑孝之適類也至天湧靈泉則玉淵金井大節並寒又與姜廣漢同瑞矣

人物四義士

李琇　南與里人家貧做務才時有販靴余姓者至於其家貸得金二十兩托琇收之余氏好飲酒忘其所托遂怏怏不

言而歸延三年始來琇曰君曩者一冬一至貨無積靴顧延三年者何也果別地貿易勝於此耶余曰吁非敢謂此地之不能貨靴也前者貿靴得二十兩緣酒困失之無本不立茲得貸十兩而來復前貿業琇從容曰君忘之也前者以金托予予收之已久不見君來欲爲君送之無論君胡爲乎忘也遂撥所托金以出封鍋如初余且驚且喜曰君吾恩

主也方慮本貲曰出貸借難償君之恩甚矣我何以報即分半酬之琇曰我圖知君之忘也使我欲利則未由之前寧禁我之全得乎竊惟托不可負貧富在天自古未有損人而能利己者何以半爲余感謝不已後琇歲貢仕河南嵩縣主簿歸梓里家業富盛甲於一邑其子景賢亦以行義稱鄉有廣西舉人高自登來教諭是庠無何陞廣東潮州府推

官貧不能行貸無所得景賢以銀七十兩助之今景賢有子大壽歲薦孫維琳食廩士謹按拾遺還金事若香山類古間有之然吾有之亦自盡吾心耳而必享福壽名位之報捷若左券不爽毫髮豈財者人之命亦有天之鑒吾不利人之有天固鑒之而必納之耶知不利其有者之有禍則利其有者之踵禍可知也而世每迷而不悟可嘆也哉以貧生而不昧遺金于三年之

後猶其流俗之傑出者推是心也居塵出塵縱金穴百丈銅山萬仞目不瞬矣至子景賢亦能仗義以濟其師麥舟之舉不謀而合庶幾范氏父子哉

人物五節婦

楊氏 南吳里民人田亮妻年二十四歲夫亡守志不二洪武三年奉 旨旌表

李氏 南吳里民人趙海妻年二十五歲夫亡守志至七十歲子趙琮亦亡早孀

閻氏法乃姑之行苦心守節孝以事姑儉以持家嚴以律已終始無閒成化年閒有司欲聞於朝二氏泣曰守節婦人事若欲旌表是求名耳寧死不從鄉人益賢之

閻氏　乃李氏姒見前

李氏　東坊市官舍王鎮妻年二十五歲夫亡僅有一子李苦守其節無纖隙可議衆邑談節者無不推重

韓氏　儒學廩膳生員王俊妻年二十歲歸俊不三載而俊無子韓毀容守節不出閨門服闋靈床不除服飾不御朝夕拜奠閱三十年雖或歸寧父母亦不留術

士廬按洪武年間禁民間苦節若干之廬墓割股婦之捐生徇死者非中行不得繫旌若是編所紀者節婦皆守從一之志含辛茹蘖終身皭然而不滓者也夫曰璧易

壘黄金頓銷當孤燈夜雨之候玉鴈不回銅龍滴碎而靡他之志歷白首以不渝死難守乎守難死乎守難矣若南吳里李氏之不欲旌表以求名尤難之難者雖然自他人視之爲難能也彼諸婦亦自盡其心自率其性耳抑何難之有

人物六異人

張真人　名道寬山東安州人壯嬰危疾一夜夢偉人授以符呪諸法及北去結

緣乎奴山等語既寤惡疾並愈遂訪順州得呼奴山館焉號白雲無何疫癘大作寬依法呪果實令病者食之立愈踵門謁者日千百計東平王吉薦勅召寬至頓發勞以殊典後按貴於玄逸張霞卿爲徒遂賜通太師之號卒葬館西壁下至今居民疾病禱多靈應每年三月二十八日爭獻袍旙致賽呼爲聖師傳云詳見大德八年碑記

樹輿 寅洞里人字于陵寓居縣之東山琵琶門性直執喜沉靜訓家童千數人平生若無他技能亦如也每論天文風角知未來事後有巡撫張公韓漢過其地與之語大奇之敦請贊軍務不應中

士謹按自昔高英碩士臥壑棲淵隱君山綠水之耦心哉時丁陽九不獲登壇繫組拖紳則自討鴻冥鳳翥倘不深不密鑽繳羅之矣以故托跡五窮隱言四避默託長往任傲骨儒耳若張杜二君之在懷柔可述也張之符呪諸法可以殄瘟疫杜之天文風角可以贊軍旅俱隨試而輒效晉彼豈半掌一艇甘腐草木者乎

兵戎志第六

周仲士曰今天下郡邑志于稗官小說淫詞詭語靡不盈楮而無一語及軍旅豈寰宇泰久安無所事此耶而惟泰寧既久正當有

事于此況懷柔值北虜之孔道宣大臂其右遼薊扈其左星檄絡繹馳長安道中踵相接也又不啻與諸邑伍者彼中父老傳聞正統己巳之□北人突入閭巷膠庠荼毒不可勝言若□□□惟猶及睹者談之且色戰而胸憚□□□今□官騎士尺籍伍符泄泄然自號其備于□□者朝即不謂令諸將校可備緩急□惟□人□民而后即戎早諭教宜急矣因官兵防列之□為兵制為馬政為屯寓為關隘以示固國之要缺一不可至于鹽石奠安之策恐非一令之任也

兵防一兵制

兵制

懷柔舊無兵因嘉靖四十一年間爲大虜充犯密雲兵營爲合軍士撥發二百名到城防守委把總官一員管領除逃故外止剩二十五名至隆慶元年添設守備管領前軍遺於密雲守備衙門撥馬匹給軍捕

盜至萬曆二年間又撥寄雲存恤營新軍二百三十名除逃故外今見在新軍二百一十名史君謙請益兵訓練未果

士讓按懷柔三輔之地原以拱翼京師況勢臨諸邊平沙淺草千里在望疾驅急馬電駭雷奔所恃雄藩備禦犄角

帝城者惟兵是賴倘老稚執水則疲飛輓不繼則機紀律不嚴蠕蠕假道則爲國有緩急發恃焉古者寓兵于農今農日廢而兵日弱矣兵不足則取農農之不足將安所取詩嚴桑土易戒衣袽勿謂杞人過計也

兵防二 馬政

寄養馬四百四匹每馬一匹編地三頃四十四畝六分每畝貼草料銀一分八厘

士讓按弘治八年兵部奏定馬政順天府所屬二十七州縣各論免糧地畝領養各處解俵備用馬匹弘治九年謂近畿役重民貧京邑爲甚疏請裁折夫役又疏停牧馬以示優恤

祖宗之深仁厚澤養民之恩若此今寄養猶故國
　未收經議史君嘗言編貼地較鄰邑數窄是
　馬多而人谷也擬申請未皇遽令民者受人
　託而不收與勿究且馬與人均瘠矣

兵防三關隘

　大水峪關　縣北三十里
　神堂峪關　縣北二十里
　开連口關　縣北二十五里
　河防口關　縣北三十里
　小水峪關　縣北二十五里

　白道峪關　縣北四十里
　牛盆峪關　縣東北四十里
　摩天峪關　縣西北四十五里
　渤海所關　縣西北三十里

　士譏按各關隘兵將機宜雖非懷柔所轄
　而邇北一帶邊關皆編管之土一騎之程
　故關隘有警則懷民騷然土邑者北顧之
　備不可不早也宋人稱主上以北門鎖鑰

非準不可準之司鎮鑰于北也將帥之職云乎哉

兵防四寓屯

懷柔無衛何有于屯爲其近接邊鄙故屯田之軍撥焉四圍皆本縣地也無論密雲衛屯卽京衛等屯本縣俱無保正每月朔望齊赴打卯以淨地方其子粒起解俱本縣徵解前果河等屯遲其往枝不欲屬縣治后訴于司道各府部刑辨而諸屯仍屬焉

仙臺屯　在本林里中

龍王屯　在南吳里中

閉家庄屯　在房家里中

黎園庄屯　在房家里中

石家庄屯　在縣東二里

北桐庄屯　在房家里中以上俱屬密雲中衛

紅山屯　在房家里中

張各庄屯　在房家里中

泉河屯　在木林里中以上俱屬京衛

士謹按唐李泌陳屯田之策而士多應募

歸重華營田代北而歲省度支二十萬軍

屯要矣礼軍民一體凡寓屯于衛孰非我

赤子而有司于一切詞訟問斷不免伸民

以抑軍噫何其量之隘也破藩籬以成大

家是在一視同仁之賢者

懷柔縣志卷之三終

[seal]

[illegible]禾祥志卷之四

蜀人周仲士纂
吳人史國典校

[illegible]第七

周仲士曰古者侯伯之國百里不及今一大
郡[illegible]方六七十如五六十差比于
一[illegible]有史國自爲占以識機祥者
數不載故周官保章氏掌天星辨所封封域皆
觀妖祥以五雲之物辨吉凶水旱降豐荒之

祲象[illegible]即洪範念用庶徵意也王省
惟歲卿[illegible]師尹惟日庶民惟星今盡于
地之專[illegible]而槩以[illegible]專官之休咎兩
徵若于[illegible]不相干涉者于道固如是乎夫
一邑十[illegible]有君道焉今之分符猶昔之分茅
者也謂我[illegible]八節愛循良和氣流溢即令羨
脊領襲平之吉眠衿無肯璃之書固不能禁
灾侵相盪而[illegible]然自肆飛流不痛于肌膚雹
食[illegible]于念慮則不可懷柔唐宋以前災祥

更無徵考由元而來至于今僻不一書而遺

何異累世圖譜志及近耳目所睹及者僅

書之或謂此鵲而虎借謾假狐妄于禨祥而

詆時可以警戒大行而自飭于民是尤不祥

之大者長吏者轉移補續不得辭其責矣

災祥

元

至元元年四月內隕雷

二十一年大水

至大二年六月蝗

三年五月內蝗

延祐元年無雪

泰定二年五月大水七月大雨

四年六月大水

至順二年二月飢

明

成化四年大水

十一年星隕

[illegible]年旱

[illegible]四年大水

[illegible]

至順二年[illegible]月饑

[illegible]年六月大水

[illegible]二年[illegible]大水[illegible]

[illegible]年[illegible]饑

[illegible]年[illegible]

至[illegible]二年[illegible]月[illegible]

二十一年大水

至元[illegible]年四月內霪雨

元

災祥

之大者[illegible]

[illegible]

[illegible]

[illegible]

[illegible]

二十年飛蝗蔽天食禾幾盡米價至一斗百錢

二十九年三月內酉戌時忽然一旦天㫎風大作飄屋穿[illegible][illegible][illegible][illegible][illegible]冰雹八月十五[illegible][illegible][illegible]僅苍擁[illegible][illegible]衆入古北口[illegible][illegible][illegible]城下殺[illegible][illegible]人焚燒房屋[illegible][illegible][illegible]數不堪[illegible][illegible]年有大同[illegible][illegible]王爾堅軍士三[illegible]中[illegible][illegible]殘

三十[illegible]年大水平地丈餘禾稼漂沒[illegible][illegible]城[illegible]北水起與潘家庄觀音堂[illegible][illegible]齊誤者謂有龍居之數日[illegible]下

三十三年大水爾出口外大木若錨截者不[illegible][illegible]數[illegible]民居游下村舍化爲魚鱉觀者亦不可數記傳聞兩旦以前夷地及邊外臨邊山中雲[illegible]林莽不[illegible]入取斧鑿之聲不[illegible][illegible]

者[illegible]之後果靈雨大水[illegible]月大
水之上如人形如塑龍王[illegible]
人[illegible]餘二寸蚤如人手執往來不[illegible]
或謂建龍宮云
二十[illegible]年大饑米價增十倍民多餓
死者
三十五年大雨河漲如前
三十七年耗粒虫食禾稼
三十八年[illegible]雨三月壞屋傷禾十二

月初一日生兩珥皆一戴一[illegible]
有雙戟斜掛紅白亘天
三十九年飛蝗蔽天月爲之不明禾
稼殆盡有鄉家庄高家庄等庄見
由來也鳴鑼焚火掘地溝之須臾
蝗積如山無分男女盡出焚蝗其
村庄少不爲害
四十年春夏大旱集有蝗蝻米價大
貴

四十二年八月虜數百[illegible]

來也草[illegible]寨不敢捍敵及擄掠

去後八[illegible]居山上者見止白餘

騎而[illegible]得男婦頭畜也東

自白河迤東寄雲[illegible]撊峪虜騎五

百餘里

隆慶二年三月二十八日地震有聲自

乾至巽

萬曆四年秋大霧傷稼

五年九月二十八日彗星見光芒徧

天月餘始[illegible]

十二年起至十七年俱春旱秋澇米

麥斗價至一錢七八分[illegible]林斗價

值八九分城中村中紛紛爭搶

[illegible]人心洶洶不安矣

二十一年五月初三日大雨冰雹二

麥俱傷秋禾亦被損傷

二十七年四月二十八日大雨冰雹

值歲禾二麥俱無民多流移幸寧

縣知縣蔣守治申請撫院發本縣

預備倉粟穀賑濟民乃始安

士譚俊等請詳申撫衙向御疏應正處畫

夜戌亥四方星變小者無數連夜不絕書所

□□禮修省用能反變為福如

□□朝廷遣官賑濟或命撫按發官庫錢穀

□□□倉□或發內帑或發通州倉米周

故堯水湯旱不能為災若襲昔禳之虛文

而實澤也焉災也莫捄矣或曰災莫慘于

□彼故紀己巳庚戌為獨詳若物怪人妖

猶神狐媚之類姑存而不論可也

藝文志第八

□□□孔子志夏商之禮而慨杞宋無徵

無徵之者文獻不足也故世有百年不老之

獻而有百世不朽之文若吾□獻存矣故

不足者□故不□獻□□□也夫邑乘

□宮非縣學祠廟之紀祓則山川形勝之延

執城與鴻池之緯畫文人壯士之歌咏將蓋
攻而全志可集也是[illegible][illegible]懷柔集焉而
風固士皆樸茂未雕若養于森沉瀰漫之當
標于掀揭騰驤之宇於飛騰英于雲霄若此
之潤械風雲而起巖穴天運進靈于此宣泄
是又自然經緯之文而非紀持徇迹之文也
夫惟大雅卓爾不群彬彬質有其文是以
炳著矣

藝文

[illegible]邑丞鮮于合肥[illegible]石知縣事祁符劉君進
授以規畫[illegible]山寺按察司副使
姑蘇錢公承憲適節上備兵之任而來孫檄專者
其役[illegible]管任其勤勞廉解於是眷飾雲集其
築並[illegible]坊以丈計[illegible]于有奇外悉甃以磚
石樓櫓雉堞凡[illegible]明以通出入
曰咸陽南曰拱[illegible]者俾無渰
之患城[illegible]規制[illegible]然改觀始事於弘治[illegible]
春二月[illegible]六閱月而功告成[illegible]也[illegible]

夫君同擧已已之慮者事於古
其不欲然相背趨事赴工惟恐或後故不費
徒資而成功如是之速也功既畢臣庠訓導
尚[illegible]前王鎣率諸庠生部子請記以成於石
竊觀山川嶽瀆之險城郭溝池之設雖古聖
王制治所不容後者況京畿近輔者且乎
其縣僻居[illegible]北門而御河一川又當
元人出入往[illegible]之路[illegible]險[illegible]實可後者
然人之情每懲創於禍患之餘[illegible]忽於寧安
之後雖以成周之盛而南仲之城朔方山甫
之城東方乃見於宣王中興玁狁孔棘之日
然是惟也[illegible]海內[illegible]而
臣忝任位儆[illegible]忘邊備[illegible]之
語拳拳惓惓焉洪公以優爲之才膺鎖鑰之寄乃
能上承
竊籌心竭力先事預慮自山海以迄于居庸
凡關要害之地設險之守間或不修廢特[illegible]
典一城而已使凡任事之臣皆若是也從[illegible]

爲則何如也足之足慮哉故因記茲役而併及

之以告夫在此位者

賜進士及第特進光祿大夫上柱國　太子太

保禮部尚書兼文淵閣大學士餘姚謝遷

撰

弘治十六年歲次癸亥夏五月吉日立

重修懷柔儒學明倫堂記

自古聖　王經理天下宰制民物新建學校以

立五常之教如三代鄉學有庠校序之異名

而國學則無異名故孟子云皆所以明人倫

也人倫既明則風俗益美其治教之隆貴非

後世所能及也降自漢唐宋雖曰立學校以

明人倫然[illegible]生[illegible]不擇賢以立教

故不得直[illegible]教化美蓋亦難

矣洪惟我

太祖高皇帝統一天下首以建學育才爲務

列聖繼體守成臨御之初祗謁

先師孔子廟退即詣於明倫堂講經之餘勸勵師

生崇儒重道至矣盡矣然國學彝倫乃大館
師生公會講道有春官以司其儀制有冬官
以備其規則以時而脩舉所以教育天下英
才而不敢少怠若外郡邑以及武衛亦皆立
學以收民間之俊秀其有造就而後升庸太
學以俟錄用者明倫堂之創造倣彼制度之
詳則皆有司之責耳豈司教之儒臣所能為
哉今懷柔乃京兆之屬邑切鄰輦轂首善之
地貢賦雖不浩繁民俗亦頗淳厚往者議修

不果而講堂歲久傾圮成化庚寅餘姚趙先
生蒞教是邑慨然欲撤舊重構首與諸生
之賢者商確其事已得貲一二又募邑之好
儀富室得貲若干用是夙夜殫力勞心竭立
十月代石掄材塗塈黝堊奐焉有倍於昔是
不攢乎其功豈縣儒所能及哉時諸生又欲
捐貲請立石以記其偉績先生固止之而未
果就暨先生秩滿官轉閩政和閱二三載學
正二教池州葉君詢得明[illegible]堂[illegible][illegible]之由懇

然嘆曰先生搆斯堂今無文以紀其事其堂[illegible]有功也功幾不泯乎遂於良吉執禮請于[illegible]新諸石子曰師儒之官以教為責而講堂之廢舉乃有司之責耳先生之在懷柔講明經典校正文義[illegible]無[illegible]而生徒[illegible]贍者皆變而為興[illegible]材之上[illegible]新月盛日教士皇[illegible]為之[illegible]搆斯堂則以有司之責兼[illegible]行若分內事可謂師範之超卓者矣與世之居是職者置書高閣俗儉歲月鬧卸教人之功者賢否為何如有卸[illegible]人為績而公守惣偈[illegible]則委罪有司雖[illegible]而非顧者賢否又何如先生盡責已而不責諸人非敦善行而修善教者其孰能哉賫成斯堂而陳諸堂之立石是不称一己之善於當時寧期後人思其[illegible]而不[illegible]令葉君司訓不忘[illegible]功為立石于[illegible]其不[illegible]沒人之善亦難得者矣懷柔得二先生之善則士風之振倫理之明人賢之出不亦深有所賴耶予亦聖人之徒

南峯梁人詩音故[illegible]辭而記之趙先生顯字有孚由明經薦初任山東五邑秩滿陞邑教諭又秩滿陞授政和[illegible]朱先生勝字茂[illegible]貢士今西土幾是邑二先生之善故并書之爰立銘石

[illegible]建觀山海關御史題名記

翰林院修撰王華撰

嘉靖丙辰右[illegible]公孫君綵邊務於山海關秋九月重建察院於舊址者告成因刻石題名以垂久遠乃以簡屬予俾爲之記予惟國家控扼形勝憑負險阻足稱天府之國矣其緣邊諸郡近塞與胡虜鄰虜時時畜牧境外窺伺虛實爰設關寨陳兵守之所以限華夷而顧疆域悉取宏遠也然畿輔關隘東自密雲永平括於山海與迤西居庸諸關並稱要害既以屯兵增戍列營置衞督以文武重臣而間有障塞制限於上關者乃歲遣御史

建行邊徼

書[illegible]而事[illegible]

敕與[illegible]城[illegible]

之繕修烽堠[illegible]之治

冀成[illegible]亘太[illegible]

[illegible]一[illegible]太傅[illegible]

世[illegible]

皇祖文皇帝徙都北平而於練武防邊之謀尤

切

聖[illegible]之講求不懈[illegible]時特命大臣經略邊

務[illegible]數年一遣[illegible]閱[illegible]以巡關

[illegible]之[illegible]繪圖具冊[illegible]任視昔

[illegible]夫[illegible]國[illegible]紀綱[illegible]

[illegible]一事[illegible]

[illegible]輕此

[illegible]為深遠而歷年得人之盛亦

[illegible]先[illegible]何公巡歷東[illegible]

形勝[illegible]上懷柔[illegible]修而書[illegible]

非吾鄉[illegible]出[illegible]之地乎而室[illegible]字[illegible]

[illegible]有餘年間名賢相繼[illegible]

[illegible]今古[illegible]名[illegible]

[illegible]之美[illegible]劉[illegible]

[illegible]去而右[illegible]揚[illegible]

[illegible]規畫有條質文相[illegible]後[illegible]

[illegible]廂房名[illegible]

[illegible]

[illegible]禾系志[illegible]

二十[illegible]月迄七月而成[illegible]

而人[illegible]刻而識之日[illegible]

[illegible]也備名[illegible]賢[illegible]

[illegible]彰[illegible]名[illegible]動[illegible]

[illegible]有不[illegible]

[illegible]動[illegible]聲[illegible]陰使[illegible]

[illegible]尊[illegible]豈[illegible]

以慎激[illegible]敢[illegible]於諸所罷[illegible]

[illegible]其修完立碑[illegible]一事[illegible]

文體今人取具目前而無[illegible]國[illegible][illegible]有[illegible]

壽傳舍爲陳迹而漫不省識迨[illegible][illegible]所措置

君楊公可謂賢矣

[illegible]翰林院 國史編修文林郎[illegible][illegible]

[illegible]撰

嘉靖三十六年歲次丁巳孟秋二日立

[illegible]兵備記

[illegible]設縣治外止一察院一[illegible]

更無別館盖過客稀間亦無須別館也迨至

重新開

[illegible]不控達左西實大是邑遂當孔道冠蓋往

來者頗多偶

營撫[illegible]行即兵亦須借館士民家玆豈體平

其平不至夏 縣治荒蕪寥闊壯野人居蕭

然[illegible]亦頗[illegible] 第觀夕館瀕[illegible]即不頗亦

不能[illegible]設則部之仍舊則缺陋方難其

畫適

道西川張 翁棨臨議添新道毅然謂必不

可也且令賈守戎君當協贊之余各唯唯守
戎任瓦甓余鳩工集材間取廢剎之木石定
中岸右之隙地借役在官之與草中爲大堂
廳之前爲夾室爲中門大門廳之後爲退堂
堂之前爲東西序郎草創未盡飾庶幾駐節
者便之抑亦不擾士民居也是工也經始於
萬曆癸酉夏四月上旬落成於九月中旬爰
鋟諸石以紀始末之自云

萬曆元年秋月吉旦懷柔縣知縣[illegible]

[illegible]識

重修懷柔縣城記

懷柔之地廟距京師九十里西迤
[illegible]懷七十里其北隣邊鄙[illegible]僅僅三十里許焉
誠[illegible]背[illegible]要區則昔人謂北門鎖鑰之地
也我
文皇帝肅蕩遷輦於此城之建制焉
廟謨洪遠矣一時操事者狃爲土圮役繇
日皆非經久之畫也歲[illegible]君來守是土[illegible]

覺而思之作州[illegible]郡莫輕不忍爲城壘

由[illegible]以[illegible]與[illegible]計當道奇之經始無怨乎

[illegible]有[illegible]之[illegible]且者[illegible]

文自[illegible]之舊也明城以中虛而接[illegible]

[illegible]而頻年重困近又天災洊行其何

頻[illegible]然[illegible]已就[illegible]茲勢爲國成法

一[illegible]也不[illegible]顧而圖目前非[illegible]

[illegible]上原多忍也屢屢陳請[illegible]

夫[illegible]學深是不佞之心以縣府[illegible]

公率所部土來不佞日就修所在[illegible]

書[illegible]欲堅以固排築欲厚以實而灰欲多

[illegible]後雖粉飾一[illegible]復舊[illegible]

[illegible]無何[illegible]之擾而虹橋[illegible]是月也工[illegible]

成焉不佞以爲大工難成而陴道益裂亦[illegible]

一所繕大無所患也後有修者雖知後之難[illegible]

不知當今日謀營之難也藉此之業若[illegible]

知名之去實力補緝以時則夏秋可[illegible]

之役矣匠勸諸不以志修築之好求復望後之同志與不使斷精不忘其成萬世鞏固

皇圖之業云

知縣賈濬識

懷柔縣大尹劉翁去思碑記

夫去者爲誰吾邑大尹翁也思者爲誰吾邑百姓也百姓何爲而思大尹翁感之而思也大尹翁何爲而去

聖天子擢之而去也

聖天子尊賢使能大尹翁德修政舉於義不可得而復留者惟其義不可留斯其情不容已而去後之思亦欲執而留焉者也昔周之盛惟召伯得以與此繼作而不失吾翁乎吾翁古晉徐溝人名鑑字叔房別號北渠自三十三年秋由山東[illegible]吾邑令今四載清白自守潔如也施諸政事一一以愛民爲心尤其所最先者革去長夫五十名歟免加增之銀九百兩有單馬騾一十匹協濟里甲之費一千

余則見吾民可少甦矣夫以瘡痍之戶
之待斃久矣吾翁批廻申救所省不下千萬
上此誠可以甦吾民况又承[illegible]扶賦稅年工
役餉贖金禁杜巡圉保障時[illegible][illegible]一一有節
而不復回其所以扶持而安全之者又不止
鉅萬而已待斃之民不其甦而有喜色否自
是時耕牛豐休徵有應天運人從科目登聞
蓋爲政去其太甚有以先立乎其大者治道
次第而舉文教其可與也所以無者將與論
節見以風世直心勁氣無施不可其論[illegible]

之經緯居廟之邊分乎吞之田乎良牧之較
委任責成感戴其緒吾民舉欣欣以相告曰
真吾天也凡有懇於上者僉以是頌而[illegible]司
歆羨亦以得人爲慶是豈吾之私言哉蓋是
勒石以志不忘且俟夫傳循良者採焉所謂
吾之遺愛也後之人見石如見翁矣是[illegible]也
董之者上舍石坡蕆之者二尹對峰君也併
[illegible][illegible][illegible]

[illegible]

敕賜雲巖寺碑記

雲巖寺在京都東北百餘里順天府懷[illegible]

橋梓山前[illegible]有地御馬監太監阮公[illegible]

提督此山　曾因步往來見此山[illegible]

氣藏風真堪為供佛道場惜茲[illegible]

存斷碑故額基跡興復首創[illegible]

而材役區分內使畢芳監督先造大[illegible]

文天王殿觀音真武三間法堂[illegible]

寫柔靈之[illegible]歲之[illegible]主[illegible]

堂鐘鼓二樓享堂但過東西兩廊行[illegible]

息亭[illegible]中門外門[illegible]或[illegible]

後以漸創建日增月益完美[illegible]規[illegible]

莊飾雄麗金碧爛煙成大方之勝[illegible]

為無疆[illegible]景泰六年五月十五日夫

監具奏欽蒙

聖恩還賜與做雲巖禪寺賜經一藏令僧德[illegible]

計開[illegible]四至

[illegible]山孔板石井　越府草場四[illegible]

上俱蒙
聖恩賜與以充本寺九用并供佛燈香燭及齋
僧用度太監懼事迹久而湮泯徵予為記文
石以垂不朽于惟太監歷事
太宗文皇帝
仁宗昭皇帝
宣宗章皇帝
太上皇帝
今上皇帝

列聖寵眷恩無彌報稱報[illegible]慈寺[illegible]建之[illegible]
憲宗厚誠可書也故不辭其請而為之[illegible]
猗之美休
俾刻于石以昭示無窮焉
光祿大夫少傅兼太子太師禮部尚書[illegible]
撰
通議大夫太常寺卿兼翰林院侍書程南雲
書
通議大夫工部右侍郎[illegible]書

[illegible] 六年五月吉日御馬監太監[illegible]

勅 [illegible]

[illegible] 高皇帝 [illegible]

[illegible] 者 [illegible] 者 [illegible]

[illegible] 而後 [illegible] 增而賓 [illegible]

[illegible] 然 [illegible]

[illegible] 者 [illegible] 林 [illegible]

[illegible] 非天地 [illegible] 人力 [illegible]

[illegible]

[illegible] 之 [illegible] 天之 [illegible] 大 [illegible] 地之博厚 [illegible]

[illegible] 用 [illegible]

大 [illegible] 也 [illegible]

[illegible] 後 [illegible]

[illegible]

[illegible] 三十有八 [illegible] 有 [illegible]

曰經藏殿西向西廊有殿亦四楹曰右殿東向
曰東廊之中西入有門北入方丈四楹南向
曰西廊之中東入有門北入方丈亦四楹南
向前爲天王殿四楹之東角爲鍾樓四楹西
角爲鼓樓亦四楹殿之外爲東西有牆牆有
門東門北入庫房四楹西門北入延客之室
亦四楹又其前爲三門以甎石爲之古樸堅
壯外爲櫺星門至于庖湢之所棲宿之舍畢
凡法樂供具莫不悉備繚以周垣垣之外乾

隙爲園植所宜果以給供
蔬爲耕之用爲屋有總八十餘間雄傑壯麗前
所未有經始于正統七年九月朔日其成以
八年三月是月二日請於
上錫名弘善禪寺於是緇流雲集奉宣法典以
資
皇考冥福以祝
聖母萬壽以祈
皇圖永固　聖壽增崇畢之日乃遣內臣阮

[illegible]始未來請[illegible]楷[illegible]佛書甚重[illegible]

[illegible]故有大報恩之訓

國恩[illegible]意

著心[illegible]書[illegible]所

集[illegible]奉宣[illegible]力

如[illegible]爲我[illegible]

有所未得佛書大報恩之儀狀[illegible]

天漢至[illegible]報[illegible]

如[illegible]厚受福地之重[illegible]

[illegible]卷之四　[illegible]

[illegible]盡廣[illegible]身圖[illegible]若此者焉則何書

之[illegible]治之不成[illegible]懷柔[illegible]此要縣茲寺

懷柔名[illegible]大夫[illegible]者國不少因並書此

使觀者[illegible]發而興起焉者是與人爲

善之意也

朝列大夫國子監祭酒金陵李時勉撰文

承德郎兵部主事[illegible]書丹

資福大夫正治上卿[illegible]太子賓客

兼國子監[illegible]篆額

正統九年歲次甲子□五月廿立石

勅賜景山安慶寺

皇帝聖旨朕體天地保民之心恭承
皇曾祖考志刊印大藏經典頒賜天下用廣流
傳茲以一藏安置定慧寺永充供養聽所在
官僧徒看誦讚揚上資國家祝釐下與生
民祈福務須敬奉守護不許縱容閑雜之人
私借觀玩輕慢褻瀆致有損壞遺失敢有違
者必究治之諭

正統十年二月十五日

勅賜定慧寺重建記

自佛法行於中土緇撢所建必勝境名山亦
必修爲寶構梵宇以宅夫形勝爲大衆之棲
禪來者之瞻仰而作何也苟非願力深重機
緣會合亦豈能與大刹叢爲無上勝因也哉
京師城東北懷柔縣長城山之陽土人境舉不
其頭齋鑒鬱紆峯巒嶢崛拔泉清木深最爲勝
處多嚴殿勝於諸條草時之□正統四年太監

夏公時遊歷至此盤旋四顧深留雅意次年
觀大恩賜克酬報惟大雄氏慈悲利濟有求
隨應無願不從遂傾己囊掄材鳩工芟薙除
帑經始於正統七年營建前後大殿藏經閣
六十二楹兩廡山門方丈祖師伽藍齋堂禪堂
香積庫廚鐘鼓二樓僧房垣墻等畢備正
統八年二月二十七日公具奏前因奉
聖旨爲定慧禪寺北據景山東倚大荊山西接
翠峰山南望小荊山誠爲一大叢林故普賜

廣明碧峯永安圓明寶安諸山梵刹及泉寺
奏僧錄下院延請本興爲住持於以季弟出
家禮大功德寺住持右善世祖師爲師法
名道衣脩習禪定坐鎮[illegible]山法席爲盛正統
十年十月十五日欽
賜大藏經一藏於寺安置供養崇奉道友晨
夕香燈率衆看誦由是佛法愈盛宗風愈振
今昌[illegible]尊崇佛教公與住持竭力增
廣殿宇文殊普賢觀世音三大

三千餘斤鑄銅為鐘香爐供具[illegible]皆出自

寺園林樹畆地林泉其經用之費一皆出自

累朝之所賜仍集衆施以濟其不給公經營

咸績俾余為文以記焉公之內廷歷事

列聖四十餘年小心慎密始終一致累陞今官

寵眷益隆操存愈謹惟圖報稱乎此善緣並

經度[illegible]以祈禱懈攬十七年如一日厥功多

矣是用為之備記其顛末俾來者知其所自

而福與扶植於無窮矣仍列助緣官衆及[illegible]

善信檀越勸之碑陰同垂不朽焉

資政大夫正治上卿禮部尚書兼太子賓客

兼國子監祭酒毘陵胡濙撰文

奉訓大夫翰林院侍講學士兼　經筵侍書

廣平程南雲篆額

重修[illegible]寺碑記

蓋聞釋氏之為西方大聖人也其名曰佛佛

者覺也所貴乎行善以修其精神以至無生

無得為佛也自周昭時繼光現瑞漢明帝夢

趨金人巍巍丈六身佩日月之光飛行[illegible]

之上變化非常無所不入[illegible]能[illegible]

物而大濟群生者也[illegible]

駿而行[illegible]諸[illegible]若[illegible]

騰譯[illegible]取經

慈恩製論[illegible]傳[illegible]丈翔立清

規四明[illegible]觀流行東[illegible]而入中

國者由[illegible]以[illegible]

爲本度[illegible]不絶斷連

至于今而不息也距邑東南[illegible]曰寶同

里中有寺名曰寶泉[illegible]

武至登今而年遠矣屬[illegible]

餘里凡出使北鄙入覲上都者[illegible]風雨

勞或于茲焉憩者[illegible]形勢遠望密雲近接

寶泉大道[illegible]流王山列其西前

[illegible]塘四圍周匝

[illegible]宣德間

十[illegible]公白大覺[illegible]

□□以□□工人乃僧司管也二代安今□
□堂禪□□無不通後接王公自拾歷綿□
□逢本戒律素麻常爲里人之所推薦于是
□觀□□□欲一洗而新之里人胡均罡亭
□用罡□□□□也第曰璋曰臻者亦
營者也其□□捐資捐營工□□時卿貴
□亦輪資□□□殿□□無僧舍□□
□夫佛像鐘□□□雖不備矣金碧輝煌弗
□山坡下□□□地一十五畝及果林當

□以供香火□□規模可謂宏遠用心其
示周密者矣工既落成今鐫石以識其本末
□戲懷柔乃古燕北平之墟密邇京師之地
□寨□厚民心尊賢仁讓之風久矣今之所
□□也晨鍾□□□□上以祝延
□□□下□□□以□□雨暘由是
□□□□□□□□□□□不謝之誘人作
□□□□□寺之要□則□于其人以寶
□之□□□而今豈可廢哉而況

息之□德厚乎佛之有靈獨不可施于他
鄉人篤信崇矣以修廢寺者仁也鈞志[illegible]
成者義也仁以舉之義以成之一以常[illegible]
國家無意佛教之隆一以著里人胡公之[illegible]
而王師所負荷者量然有與起者考于斯[illegible]
賜同進士出身承德郎刑部貴州清吏司主
事[illegible]縣王源撰文
中憲大夫[illegible]少卿掌[illegible]金臺楊[illegible]書丹
賜進士出身奉[illegible]郎戶部河南司主事[illegible]

劉用中篆
正德歲次己卯[illegible]冬乙亥月吉日立石

房家庄重修義勇武安王廟記

古忠臣義士載在傳者不可勝數得血食身
後者鮮矣蓋雖有功之亦若是功成之地或
桑梓為崇其產而遺跡所經[illegible]而[illegible]志乃
緣以祀有一於此已為不朽然有若元解梁
漢壽義勇武安王關公迄今餘千年廟祀等
天下夫若郡臣邑至重出至於數家之村一

[illegible]亦輒爲覩乎肖貌其中旨臣夫又是
讀於道有爵位者率畏其神明過必歛衽人
郡稱者何哉士不能振則伏服奔走其[illegible]下
乎一[illegible]亦[illegible]以試士何以得[illegible]
[illegible]存朝公卿不知不[illegible]
[illegible]者往往而是王夫不亦[illegible]
昭烈以蜀漢[illegible]而爲正[illegible]宣號[illegible]
臣所[illegible]奧下求感張華夏考[illegible]
號頗議還許以邁其鋒騤騤乎漢[illegible]之

勢矣當是時使其能戮力王室[illegible]齊晉
祀漢配天光復舊物特易易耳乃逗偃移禍
蕞蜀之蠶昭烈君臣不得施而曹氏纂成宗
王之心杌以不死神游八極無間遠邇如木
在地井則得之而與古所爲痛惜[illegible]
義相感不得以成敗論也[illegible]
以常論之王能諒於鬼蜮[illegible]
之不圖已能振士卒得其心不能保庸[illegible]
[illegible]之不[illegible]馬刺配[illegible]

榮[illegible]帝禪[illegible]遷其[illegible]路能感於天下[illegible]
無[illegible]池[illegible]既絕蓋予[illegible]
異[illegible]也天之所察誰能與之[illegible]
於漢蜀止於罪謂非天不可也王如彼何[illegible]

懷柔十里許曰劉家庄庄之西舊有三聖[illegible]
久傾圮御馬監太監劉公寬偕季父御官[illegible]
少監爾公同力鼎新規制之宏輪奐之美[illegible]
舊不啻倍蓰信足以揭虔而妥靈也內官[illegible]
太監焉君英予鄉人爲之請記於是乎書

賜進士及第翰林院侍講學士奉直大夫經
筵講官兼修國史玉牒左春坊左中允兼史
館纂修儀顧司經局上黨劉龍撰
嘉議大夫禮部儀制清吏司郎中慈谿劉滂書
提督五千營軍務前軍都督府總兵官太保
遂安侯鳳陽郭勛篆
大明正德十五年歲次庚辰季秋吉旦立

[illegible]佛巖石記

密雲[illegible]南不三十里爲石廠山崇山也去京師

[illegible]

進士及第翰林院侍講學士奉直大夫[illegible]

[illegible]

九十里

文廟定鼎開基于山石於此石之處至今遺者
甍者細者甬者　方者址者欄者礎者砌者闕
者闕者楹者頂柱者望柱者橫三順四基布
席排無數也非手斲盡下奉聖寺過而視之
嘆曰天地生財以爲世用也夫材有美惡故
國有用舍茲山之石不及西山之潔白精潤
瑩然美玉也其始也生之甚異其終也採之
有揀進也退也用也舍也石初無與也賢才

固國柱石也材有異用也其堅介正直可謂
廊廟器者無疵用也匠氏過之而不顧或顧
之而不用不幸而老于山谷間者若將終身
焉其性其守卒不可易也其屏棄而不可磨
磷者棄焉耳矣　予登茲山摩崖盤辟者久之
乃酹酒歎拜呼　大人而語曰願托名于不朽
他日將結豐次　何因勒記於臺于奉聖寺
齊雲兵備副使□□□書

羅山海棠堂記

至定國所立

羅山寺在縣東二十里舊有[illegible]碑[illegible]丁年

矣正德[illegible]間僧尼本能延請[illegible]李太[illegible]

與其徒[illegible]鄉人加崇信敬慕[illegible]益獲

故修[illegible]名在山大川固革不[illegible]且爲賢

士大夫登臨之資或有泉可以汲或有鳥獸

可與遊或有奇花異木可以觀古人云天下

佳山水大半爲寺觀所據一山一水僅爲晉

鞏而設蓋有寺觀則有所依而遊者會[illegible]

木之名命[illegible]然則寺觀雖美而不係於人

之所樂吾[illegible]隨廢而欲人之崇敬也難

矣余自歸林下日與故人宴遊山水無遠不

到到則飲飲則醉醉則歸人或罪其踈狂云

遊一日與客遊於羅山登臨之餘延太滑西

訪焉太淸號古梅世爲燕人年逾六十而容

貌動靜與常人殊余甚奇之詰曰吾聞岩[illegible]

善服氣養神[illegible]静坐致忘寢食復建十餘

[illegible]月守[illegible]

是乎哉固宜有以異乎人而為人之所歸

且建宮於靜業焉名所謂亦遂其故業非靜

則不專不靜[illegible]得則一

一則誠誠則明明則強其靜也盡其業也

逾大養生莫善於此矣且自古善養生者惟

老氏為近釋與吾儒頗相類老氏之教大率

有三一如也虛如也怯如也其所謂一似吾

之能自靈佛所為靜業其有於是乎固是求

記以成歲業夫寺之記難言也記其事則言

乎佛記其人則言乎僧記其事則近於妄譽

君子之所深諱而不輕言者昔人雖游迹未

立牌亦甚有不得已焉雖然史以記事書有

可記而君子亦在所不廢羅山之形勝也亘

記也水可記也靜業之事可記也余之所以

遊歲月亦可記也故不得已而為之記是歲

之丁亥十月望日也

奉政大夫戶部員外郎賜進士古檀李濟撰

重修靜業菴記

大明國京都順天府昌平州懷柔縣迤北[illegible]
家里解甲山居住善人張公秀等詣予[illegible]
之[illegible]東嶽神祠迄今盖有年矣其[illegible]
德[illegible]地僻荒郊非[illegible]所[illegible]
界也[illegible]捐貲乃獨本庄[illegible]
王歡[illegible]將土斷木於[illegible]
八[illegible]吉[illegible]
[illegible]工[illegible]不數月而[illegible]
嶽[illegible]儼然廟貌莊嚴備哉[illegible]
崇[illegible] 三十七
模[illegible]彰神貺願求先生記
之予惟東嶽者乃五嶽之宗神靈之府也昔
漢明帝封泰山元帥
宋真宗尊封東嶽天齊仁聖大帝
聖朝[illegible]大[illegible]之[illegible]
正直[illegible]人世居民貴賤高下之[illegible]
八嶽六案七十五司生死之[illegible]
[illegible]神邪[illegible]之[illegible]儀[illegible]
[illegible]內[illegible]不敢[illegible]

保障保黎也事于之民寧謫禱矣群士應如
向發資息寇咸賴神庥捨己貲重搆斯祠非
但求福以保障身家惟務攄忠而規廷
矩壽將見張公之陰騭丕加福祿慶流後裔
矣尚祝　神之英靈視千萬載於無窮焉
書之碑[illegible]於不以[illegible]記云
翰林院中書■怨撰
大明嘉靖十五年歲丙申春吉日立

懷柔縣新建[illegible]白公生祠記

懷山殷于上居市民而廬墓故在懷是為懷
民之邑父老謁而請曰吾儕小人朝不謀
夕
兵道白公寬卯而還之茲因納言行矣謀劉
諸俎豆敢乞豕言壽之石籍且不朽予詫之
曰盛名難副危言不衷監司廉陛群黎讀何
容易偷慣而私乎吾鳴可疫也僉對曰吾邑
之在畿輔也直雲夢空哉土瘠而窮
虛儉戕之以醜虜困之以饑饉皮肉幾何

于□□□經□□□□□見□□□果□

非□□□□□□西五六案所之一切公□

□□陳實□□□□□□□□大人□之一□□

際則珍奇綺繡座破中人□□□□伊指□□

碩胥役旁午萬緒千□□□□□□□□□□

樂生之心焉□

公視堀下眾僧千一介不往來也洞乎□□

秋毫□□□□□□□而游精部座之下□

於是□□□道革見年□□頭戴大尸□□□

飭□□□□甲□姸究禁科斂□所□□

然□萬千人心不一二年地闢而廣民歸若

流□□□知有生之樂矣驕而依之于于然

者進而□□於膝下有所□欣鼓舞而不已

也違而去之惘惘然如嬰赤之去乳保彷徨

戀慕而不能釋也然而無所予無所受之如

意者其飾□正己而下□指者乎其家國而

予民將乎其□□□□無所□悅因民利導

□□用□□者乎其□□以于孫□□十二□

[illegible]祖之[illegible]日祀之何不使其官
[illegible]德[illegible]曰自德之自祖[illegible]
[illegible]不事哉抑
[illegible]郭君[illegible]所欲出了作而言曰民[illegible]
[illegible]行也作於然則
[illegible]事君之忠[illegible]民之事[illegible]
[illegible]民能寄思也其事上之[illegible]
[illegible]德之澤也而不斁者也吾於是[illegible]
[illegible]且爾所稱誦頌而不諛核而不[illegible]
[illegible]者也予何以進諸其逐書爲記

[illegible]卷之四

[illegible]棟號吉州平末進士爲榆林鎮[illegible]
[illegible]第陜西行太僕寺卿治生殷仁頓首拜
[illegible]自解臺書丹

[illegible]濟倉驛塲碑記

[illegible]歲遥[illegible]來至則委之廬里若墉道
[illegible]廬里墉道豈治渠之地哉即無論[illegible]
[illegible]宜[illegible]有如暴漲積霖彌日不休要不

德寵不可食自昔相傳畢飭無慮所持
近守甚有觀爨川及其十女良有出者法
皇帝辛卯裁省諸得之然也但濟鄭宜奇個
主一人春秋諸貴伊侍邑之財圖於其甚爲
閣司可者四百斛不佞捐廩爲起鹽
陛下有三舍者植門守然其庶乎無
膳探擇具也而搏捲傳羹
金也諸侯今其兵治聚者
世適而演之是故并三星之金根不然而

貧所屬比路十　四甲不佞固有揭志
於擇者是役也肇於壬辰之春三月落成
於是歲之夏五月唯寶侯實作之范尉亦與
有力焉故爲識之以表厥僥事云
賜進士第奉
勅總理昌平糧餉戶部雲南清吏司主事東萊
姜伸轍謹記
過龍慈寺松棚　提學御史戴仁

檀州使節移東南偶來護惠解雕鞍入刹忽然驚心目松陰滿地蛟龍蟠從容問歷幾年經不知何代栽祖始子葉孫枝偃盖低宿雲臥雲堅不起年年不改舊蒼姿地抵根將百亂覚鳥不敢棲蟻不集神靈守護遶蒼官古刹新成爛金玉物靈信亦秀鍾毓延年想有千年苓欲便借鋤根下斵掌兵中貴許總栽雕欄愛護成奇功應知此物貴且壽縧年異與乾坤同名知

允寵賜新額來觀誰不託奇特神奇鬼怪性不移

聖主欲移移不得遨遊何處無名山似此蟠龍[illegible]開安能棄起濟亢旱普施霖雨舒

天顔

題松棚

[illegible]隱　葉勝

清陰獨立大夫官翠盖底垂十畝寬風度清聲疑鶴唳月來借影見龍蟠浪誇天艷妍熱秋颯高耐歲寒閱盡炎涼幾千載至今

[illegible]

開發能覈至洞究其旨[illegible]

亦疑不辨遂過而已未有[illegible]

[illegible]明所顯未聞難不言者[illegible]

卷之四

[illegible]

[illegible]

猶護君欄杆

題松棚　巡關御史京兆馬文卿

蕭寺清森一任炎蒸雨灑見茂徐松根連瑣石迸泉窟枝挽曲屈盤臥龍攀盖擎天常錦障青陰鋪地多雲封老僧幾度修齋事久向禪關作龕龍

題學宮傍院松　督薊鎮糧餉武陵陳巴闡

行臺誰築學宮傍望學齋松偉滿墻宛然蟠

龍起香灑時聞絃誦雜笙簧栽培得地非豈嫩長養成材合廟廊有合孔林穡手植千年秀色共蒼蒼

題院中八槐　督薊鎮糧餉武陵陳三謨

森森何年植對峙蔚然行變秀靄堪似三槐守連旁葉交碧翠憐中土雅文貞觀民凍生愛棠陰蔭樹依青桐群鳥自飛翔吏民應勿剪留此召公來

遊[illegible]螺寺　　新安程宗濂

古寺[illegible]岑森森萬徑深突[illegible]者
[illegible]覩禪性談空識[illegible]心[illegible]土界
付半[illegible]欲投簪

題虹螺寺　　[illegible]

筍立虹螺秀色明千奇萬態畫難成峯[illegible]
[illegible]木葱籠兩乍晴時[illegible]
[illegible]如劍戟擁山城懷寧自古多豪傑信是
鍾靈產秀英

題虹螺寺　　巡關御史儀真馬文卿

非雲非霧亦非烟夕噴紅雲燭觸天山際峯
巒呈秀氣潛中螺髻照靈巔虹霓林麓光遙
度花屏擁臺影倒懸百丈峯頭近北斗[illegible]
勝地[illegible]

遊定慧寺　　新安王文[illegible]

明[illegible]公餘日登臨古寺深丹楓迎去馬白日
樂[illegible]民念行[illegible]國心翩翩飛盖
至[illegible]

題定慧雙塔　巡關御史儀真馬文卿

並聳浮屠不易成，高遠與雲平。日移[illegible]
影雙雙見，風過清聲兩兩鳴。玉柱光輝標[illegible]
[illegible]化龍騰。秋空直對京都近，靜[illegible]
[illegible]

題定慧雙塔　邑人

浮屠直[illegible]戶[illegible]倒影遙遙月轉廊，玉柱[illegible]
天形突兀金瓶晃日色輝煌。鷹來佛地埋下
骨龍隱靈淵戲夜光。昨日臨高曾行立化[illegible]

回首思茫茫

題[illegible]潭春水　元城陳九齡

深潭[illegible]波不驚，忽見出遊水面橫。春雖[illegible]
花汲錦[illegible]龍從平地起，雷聲七年湯旱至[illegible]
蘇三載西縣自此生雨施雲行遍[illegible]字四[illegible]
仰德荷君明

從祀

諸陵二律　龍山戴[illegible]

石[illegible]清曉[illegible]眼柔光[illegible]

興出祀秋未附

袞衣霄蘸下先將駕序禮文修心勁明發[illegible]

駕神揚[illegible]背問[illegible]自分[illegible]臣遷[illegible]

稀遐迩

天頭

霜[illegible]凄[illegible]亭祀[illegible]

龍宮[illegible]致一將新[illegible]禧慶宜

[illegible]對[illegible]靈光屬至仁黄屋青[illegible]王氣合[illegible]

朱紱[illegible][illegible]雖[illegible]穆穆周天子想像何如[illegible]

見覲

和太[illegible]上韻

昌平道億副商丘曹代蕭

麤馬是[illegible]塵青山倘作驊乾坤隨處老[illegible]

逐騎新花鳥常窺客星霜暗度人浮生應是

夢不覺[illegible]

懷[illegible][illegible]中 昌平道億副商丘曹代蕭

[illegible]懷[illegible]近紅塵馬足[illegible]山城花帶雨野寺

樹合烟[illegible]風沙裏別天殿角邊太平民物

好無用勸農篇

送史侯上任

翰林院修撰金陵朱之蕃

[illegible][illegible][illegible]共擊空千載雄飛意氣同[illegible][illegible][illegible]

[illegible]歸黍谷遂將雙鳧自江東花繁半是[illegible][illegible]

斗績奏行看馬是驄父老鶯諳春信早[illegible][illegible]

術政播和風

翰林院修撰張以誠[illegible]

三輔仍馮翊懷柔化理新栽花依上苑[illegible]

即

謳歌遍梁州飲民間黍谷春[illegible][illegible][illegible]

[illegible]長史丹墀

士謹按古人稱三不朽等立言于功德夫文章豈末技哉思馳三玄騰輝五際則精理奧汪牖貫焉世豈有藻繪雕盡而顧溥蝕其真原耗于建醫者乎此編所紀碑記序詞雜銘諸體具備中如謝潔邁公遷胡太師公瓚三冢宰公韓李祭酒公詩紀劉侍講公龍文以人傳乎人以文重乎御歎貞珉而垂瓏琰並之垂不朽矣

[illegible]乘縣志卷之四終

懷柔故無志其戶口阨塞賦詔震附沿號
京輔之隸方風俗盛衰政治得失於今顯焉
方承乏是邑思而得為首善近襪豈其丹絲甚
詳即按籍受成事無害耳獨不敢刻韋東
至則詢掌故首如考案牘香如許所稽考賢
宗如顧宗所得徵信者過而問之惟是之滋
懇隨事搜求應時籌劃或受之贖或
乘之窮鄉故老不暇飧休矣而嗣亦時時覆
於他說及所遍歷遍興時合時離表見者不
虛于是始若無徵繼廼有據則凡所折衷者
會曾屢也備先余有志而何令余安辭三
無可備咨詢焉今海內乘載若林
聖天子精禮萬世之業支郡下邑靡不比書備
詞以示來者而懷柔獨闕所以有後憾
邑風將無貽在使何旦邑何[illegible]焉
嗟余來撫勞來拊餘田數十百頃開近而民
人之間其視昔稍異矣而安可遂難慮則
[illegible]迺不之屬遍今昔[illegible]

數年來余具耶非者耳彼其先豈盡昧於甘邈於志哉亦淵密之後皆共書賦苦役苦荒酣歡者苟不暇給食息且賤亦越階序之窮懸將肯乎其暇之也雖然志吾不暇也而今移來者以無志而靡所不詢諮余今日則孰准急於志者遂行階備成都周君畫其事凡五暇而志成暇不暇寡暇也自為敘

書

萬曆歲次甲辰仲秋之吉懷柔縣知縣[illegible]